다시 쓰는
해방의 역사

일러두기

이 책은 학술 연구서가 아니라 누구나 쉽게 읽을 수 있도록 집필한 대중 역사서입니다. 따라서 학문적 저술에서 요구되는 방대한 주석과 인용 출처는 생략했습니다. 독립운동사와 관련된 자료는 매우 다양하게 흩어져 있고, 교차 검증 또한 간단히 몇 줄로 설명하기 어려운 복잡한 과정이었습니다. 특히 1930년대 이후 사회주의 계열의 항일 무장투쟁에 대한 사료는 그 출처만으로도 맥락을 짐작할 수 있다고 판단해 일일이 밝히지 않았습니다.

- 독립운동사의 흐름 가운데 특히 무장투쟁에 초점을 맞추었으며 지면의 한계로 인해 의열 투쟁의 전개는 다루지 않았습니다.
- 모든 독립운동가의 존칭은 일괄적으로 생략했습니다.
- 본문에 사용된 '조선', '한', '대한' 등의 명칭은 당시의 표현에 따른 것입니다. 분단 이후 '조선'이라는 명칭이 금기시되는 분위기 속에서 많은 문헌이 고유명사를 임의로 변경해 표기해 왔기 때문에 가능한 한 원형을 살리되 일부 혼용된 경우도 있습니다.
- '만주'와 '간도'는 혼용하여 사용했습니다.
- 김일성이 이끌던 항일 유격부대는 공식 명칭인 '조선인민혁명군'으로 표기했으며, 문맥에 따라 '유격대', '인민혁명군' 등의 용어도 병행 사용했습니다.
- 위만군은 1931년 일제의 만주 침략과 괴뢰국 만주국 수립 이후 조직된 군대를 말합니다.
- 정안군은 위만군 간부들의 자제들로 구성된 부대로, 일본에 충성을 맹세한 중국인 간부들의 아들들로 이루어졌으며 잔혹한 행위로 악명이 높았습니다.
- 구국군은 만주 사변 이후 중국 군벌들이 조직한 반일 무장 세력으로, 반공주의 노선에 따라 사회주의 계열 독립운동가들을 탄압하기도 했지만 때로는 항일 공동 전선을 이루기도 했습니다.

다시 쓰는 해방의 역사

HISTORY OF LIBERATION

누구도
말해 주지
않은 무장
독립운동의
기록

김이경 지음

초록비책공방

반쪽이 아닌 온전한
독립운동사 정립을 위하여

내가 배웠던 역사

   중학교 시절, 지리 시간에 한반도의 형상이 '토끼'처럼 생겼다는 말을 들은 적 있다. 강대국 사이에 끼인 지정학적 위치 때문에 우리 민족은 숨도 제대로 쉬지 못하고 살아야 한다는 설명도 덧붙여졌다. 덕분에 나는 우리 민족이 일본의 식민지가 된 이유를 민족적 유순함과 약삭빠르지 못한 성품 탓으로 받아들이며 성장했다.

   요즘은 한반도를 '호랑이' 형상으로 가르친다고 하니 그나마 다행이다. 그렇다면 일본이 우리 '호랑이' 민족을 지배할 수 있었던 이유는 어떻게 설명해야 할까?

   대학 시절 동아리 활동을 하면서 사회 문제에 관심을 갖게 되었다. 인권, 평등, 평화를 가로막는 구조를 살피다 보니 그 뿌리에는 청산되지 않은 일제 잔재와 친일 세력의 영향 그리고 분단 질서가 자리하고 있음을 알게 되었다. 그때부터 독립운동사를 읽기 시작했지만 곧 벽에 부딪혔다. 수많은 사건과 단체, 인물들이 나열되어 있었지만 독립으로 이어지는 흐름이 분명하지 않았고 결국 어떤 힘으로 우리가 해방을 맞이했는지도 알 수 없었다.

싹트는 질문

해방 80년이 지났다. 제도적 민주주의는 어느 정도 진전을 이루었지만 여전히 수구 세력은 자신들의 기득권이 흔들릴까 봐 위기의식을 드러내고 있다. 특히 '뉴라이트'로 불리는 신(新) 친일 세력은 "독립운동이 실제 독립에 얼마나 기여했느냐?"는 식의 발언까지 서슴지 않는다. 이는 목숨 바쳐 싸운 독립운동가들에 대한 모욕이자 역사를 부정하는 행위이다. 그런 주장에 맞서기 위해서라도 독립운동사를 제대로 공부해야겠다고 결심했다.

독립운동사를 공부하면서 내내 머릿속을 떠나지 않았던 한 문장이 있다.

"미국이 원자 폭탄으로 일본을 항복시켰고 우리는 덕분에 해방되었다!"

이 말은 곧, 우리 민족은 스스로 일본의 지배를 끝낼 힘이 없었고 미국의 군사력 덕분에 독립했다는 뜻이다. 이러한 인식은 지금까지 한국이 한미 동맹에 일방적으로 의존해 온 배경이 되었다.

그러나 독립이란 자기 힘으로 일어서는 것이다. 강대국의 결정이나 힘으로 얻어진 독립은 진정한 자주가 아니다. 그렇기에 그런 식의 역사 해석은 결국 말장난에 불과하다.

숨겨진 1930년대 이후의 독립운동사

기존에 출간된 독립운동사를 살펴보면 우리가 스스로 무장력을 조직해 일본을 몰아낸 구체적인 기록은 찾기 어렵다. 3.1운동 이후 수많은 독립군 활동이 있었지만 봉오동 전투와 청산리 전투 이후 독립군의 행방이나 활동은 잘 알려지지 않았다. 의열단을 비롯한 무장투쟁의 사례들은 간헐적으로 소개되는 데 그칠 뿐 그것이 독립이라는 목표와 어떻게 연결되었는지는 선명하게 그려지지 않았다.

그러던 중 뜻밖의 기록을 접하게 되었다. 1930년대 이후 만주에서 조선인민혁명군이 벌인 항일 무장투쟁이 일본 관동군과 조선 주둔군을 무력화하고 독립을 위한 지하 조직망을 구축했으며 전민항쟁을 통해 일제를 몰아냈다는 조선민주주의인민공화국의 서술이었다. 과연 이 기록은 사실일까? 궁금증이 커져 자료를 찾아보던 중 중국 연변에서 발행된 몇몇 서적에서 '김일성 부대'라는 이름을 발견할 수 있었다.

그러나 이 책들 또한 중국 공산당의 시각에서 쓰인 것으로 조선인민혁명군의 활동을 조선 민족의 독립운동이라는 관점에서 조명하지는 않았다. 남한의 역사서에서는 김일성 부대의 존재 자체가 거의 다루어지지 않는다. 이는 조선인민혁명군의 활동이 북한 정권의 정통성과 밀접하게 연결되어 있기 때문이다. 이후 나는 북측의 독립운동 인식을 확인하기 위해 도서관과 온라인 자료를 뒤지며 관련 기록을 찾아나갔다. 노력 끝에 1930년대 이후 독립운동의 흐름이 조금씩 윤곽을 드러내기 시작했다.

분단은 해방 이후의 일이다. 독립운동 시기에는 남과 북이 나뉘어 있지 않았다. 그런데 왜 독립운동사마저 남북으로 나뉘어야 하는가? 독립운동은 이념의 문제가 아니라 민족 전체가 벌인 항전이었다. 그러나 분단 이후의 이데올로기가 가로막으면서 1930년대 이후의 무장투쟁은 독립운동사에서 지워졌고 미국이 해방의 은인이라는 인식만 남게 되었다.

진실에 대한 판단은 독자의 몫

조선인민혁명군의 항일 무장투쟁이 우리나라의 독립에 얼마나 기여했는지는 각자의 판단에 맡겨야 할 문제다. 조선인민혁명군이 열정적으로 싸웠다는 사실을 인정한다고 해도 해방 이후 북조선 건국의 정당성 여부는 또 다른 연구 주제다. 그러나 분명한 것은 조선인민혁명군이 목숨을 걸고 일제에 맞서 싸웠다는 역사적 사실이며 그 흔적은 일제 군경의 자료에도 뚜렷하게 남아있다는 점이다.

그렇다면 우리는 그 역사를 알아야 하지 않을까? 우리 민족의 독립운동사를 제대로 알지 못하고, 말하지 못하며, 평가조차 하지 못하는 지금의 풍조는 극복되어야 한다. 이것이 바로 내가 이 책을 쓰게 된 가장 큰 이유다. 이는 곧 "우리는 스스로 해방했는가? 아니면 미국의 힘으로 해방된 것인가?"라는 질문에 대한 답을 찾아가는 과정이기도 하다.

이 책을 집필하면서 독립운동에 대한 역사적 평가가 얼마나 민감한 정치적 사안인지 절감했다. 나는 전문적인 역사 연구자는 아니지만 오랫동안 실천적 사회운동에 몸담아 온 사람으로서 이 책은 내 삶의 자리에서 길어 올린 문제의식과 탐구의 결과물이다. 부족하지만 진심을 담아 이 책을 세상에 내놓는다.

김이경

차 례

들어가며 반쪽이 아닌 온전한 독립운동사 정립을 위하여   4

1부 민족 저항을 시작하다

무릎 꿇고 살기보다 서서 죽기 원한다   14
독립의 대문을 열어젖힌 3.1운동   22
1920년대 독립운동의 두 얼굴   27
서간도에서 청산리까지, 무장 독립운동의 전개   33
분열과 통합, 경신참변에서 3부 통합까지   43

2부 독립운동의 새로운 기치를 올리다

길림에서 시작된 젊은 혁명   56
독립운동의 새로운 이정표, 카륜 회의   63
혁명의 첫 깃발을 올리다   69

3부 항일대전의 서막을 열다

민중과 함께 유격전을 시작하다	76
민중의 힘으로 세운 해방 지구	84
소왕청 유격 근거지 시절	89
무장투쟁의 도약과 조선 공산주의 정당성 확보	99
더 넓은 전선을 향하여	108

4부 조선인민혁명군, 독립전쟁의 주체로 서다

조선 혁명의 분수령	114
조선인민혁명군, 새 시대를 열다	119
혁명 동지들과 세운 조국광복회	128
무송 진출과 장백 지역으로의 확산	132
〈피바다〉에서 밀영까지, 백두산이 품은 항일의 불꽃	140
일제의 대공세와 유격대의 대응	147
속속 건설되는 지하 혁명 조직	155
보천보 전투	164

5부 재편과 반격의 시간

중일전쟁과 조선의 항일 전략 180
조직을 재건하면서 다시 조국으로 186
유격전의 재정비와 반격 193
고난의 행군 198

6부 정치 군사 활동

조국을 향한 봄의 진군 204
지하에서 싹트는 조국 해방의 불씨 213
계관라자에서 홍기하까지, 반격의 길 225

7부 자력으로 해방을 이루다

소부대 활동으로의 전환 234
소부대 활동을 통한 조국 해방의 전략 238
조국 해방을 위한 준비 245
총공격을 위한 마지막 준비 251
전국에서 일어난 마지막 총공세 255
항복을 넘어서 민중이 완성한 해방 264

1부

민족 저항을 시작하다

HISTORY OF LIBERATION

무릎 꿇고 살기보다
서서 죽기 원한다

조선을 장악한 일본의 식민 통치

　1910년 일본이 조선을 강제로 병합한 직후 조선총독부를 설치하며 식민 통치를 본격화했다. 조선 총독은 일본군 대장 출신만 임명될 수 있었고 조선총독부의 모든 실권은 일본인들이 독점했다. 형식적으로는 중추원을 만들어 친일파 69명에게 관직을 수여했지만 3.1운동이 일어날 때까지 단 한 차례의 회의도 열리지 않았다.
　일본의 조선 지배 정책은 총칼로 조선인을 억누르는 무단통치였다. 일제는 헌병이 경찰의 역할까지 겸하는 헌병경찰제를 도입해 전국에 배치했다. 조선 전역은 일본 헌병의 감시 초소로

◦ 안악 사건

뒤덮여 '철창 없는 감옥'이 되었다.

1912년 3월부터 헌병경찰은 조선인을 자의적으로 처형할 수 있었고 정치범 수는 1912년 5만 2,000명에서 1918년 14만 2,000명으로 급증했다. 같은 해 12월 일제는 데라우치 총독 암살 음모를 입수했다는 명분으로 안중근의 사촌 동생 안명근을 체포하고 안악 사건을 조작해 신민회 회원 160여 명을 검거했다. 이어 1911년 9월에는 신민회 사건을 조작해 다수의 독립운동가를 투옥하고 처형했다.

일제의 경제 수탈과 문화 말살

강제 병합 직후 일제는 본격적인 경제 수탈에 나섰다. 1912년에는 토지조사령을 공포해 조선 농민의 토지 100여만 정보를 강탈했고, 1918년 5월에는 조선임야조사령을 통해 조선 산림의 80% 이상을 국유림으로 강제 편입시켰다. 또한 회사령 시행 이후 7년 동안 조선인 자본의 비중은 줄어든 반면 일본인 자본은 2.5배 증가했다.

일제는 우리 민족의 문화를 말살하는 정책도 병행했다. 1911년 조선교육령을 공포하여 일본 문화를 주입할 교사를 양성하고 사립학교를 탄압해 민족의식의 고취를 막으려 했다. 그 결과 학교 수는 2,100여 개에서 760개로 줄었고, 서당도 2만 5,486개에서 1만 8,510개로 감소했다.

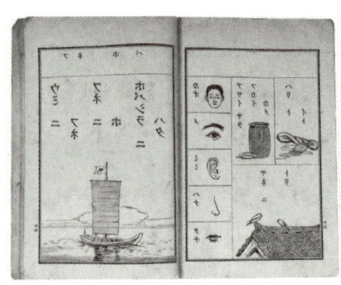
◦ 소학교 국어책

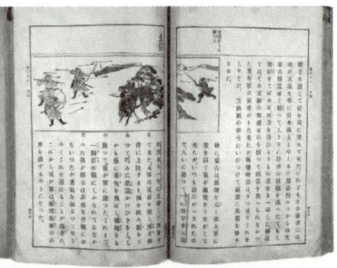
◦ 소학교 국사책

끊이지 않았던 무장투쟁

1895년부터 시작된 반일 의병투쟁은 1907년 대한제국 군대 해산 이후 급속히 확산되었고, 1910년 8월 29일 일제가 조선을 강제로 병합한 이후에도 계속되었다. 경상북도 일월산 일대의 의병들은 일제의 토벌 속에서도 1910년 가을부터 연말까지 기동전을 이어갔다.

채응언 의병대는 조선 병합 이후에도 황해도 백년산을 중심으로 험준한 산악 지형을 활용해 일제 수비대를 지속해서 습격했다. 이들은 강원도 이천의 다른 의병대와 연합해 1910년 9월 이천군 일제 수비대를 기습한 후 육박전을 벌여 많은 적을 사살하고 무기를 노획했다. 1911년 초에는 안변군 석왕사 주둔 수비대를 습격했고, 곡산으로 이동하며 추격 중인 토벌대를 타격했다. 4~5월에는 선암(신평군) 일대 병참 기지를 여러 차례 습격해 무기, 탄약, 군복 등을 노획했다. 채응언은 1913년 6월 3일 선암 역참 습격 전투 중 전사했다. 일제가 그의 목에

○ 피체된 채응언

280원의 현상금을 걸 정도로 채응언 의병대는 큰 위협이었다.

농민 출신 김정환이 이끈 평산 의병대는 평산을 거점으로 해주, 서흥, 금천, 재령을 오가며 일제 헌병 기관을 기습하고 철도와 통신망을 파괴했다. 1910년 가을, 일제의 대대적 토벌이 시작되자 장수산으로 들어갔다. 토벌대가 산을 포위하며 진입했지만 평산 의병대는 타격을 가하며 포위망을 뚫고 탈출했다. 1911년 9월부터 11월 초까지 이어진 황해도 일대 토벌 작전 속에서도 평산 의병대는 소규모로 분산되어 야밤 기습을 통해 적 통치 기관과 주요 시설을 파괴했다. 1914년 3월, 장수산에서 격렬한 전투 후 서흥으로 이동했으나 평양 수비대까지 동원한 일제의 포위에 갇히게 되었다. 김정환은 굴속에 숨겨두었던 무기와 탄약을 모두 나눠주며 최후 결전을 독려했고 대원들은 끝까지 싸우다 장렬히 전사했다.

1896년 충주성까지 점령하며 의병투쟁의 상징이 된 유인석은 1910년 6월 연해주에서 최재형, 이범윤, 안창호, 이상설 등과 함께 13도 의군을 조직하고 총재로 추대되었다. 그러나 일제와 결탁한 제정 러시아가 독립운동을 탄압하면서 조직은 해산되었다.

같은 해 4월, 홍범도는 연해주에서 자금을 모아 무기를 구입한 뒤 의병 30여 명과 함께 무산으로 진입해 일제와 교전했으나 실패하고 다시 러시아로 돌아갔다. 이후 금광과 철도 건설 현장에서 일하며 군자금을 모았고 1911년 3월 의병 30명을 함북 경원에 보내 일제 수비대와 전투를 벌이기도 했다.

1912년에는 임병찬이 고종의 밀지를 받아 독립의군부를 조직했다. 고종 복위를 목표로 한 이 의병투쟁은 전라도의 의병장, 유생, 전직 관리들을 비밀리에 규합했으나 1년 만에 조직이 발각되고 임병찬이 사형당하면서 해산되었다.

결국 1914년 무렵 한반도 전역이 일제에 장악되며 국내 의병투쟁은 막을 내렸다. 이후 독립운동은 두만강과 압록강을 건너 만주와 연해주에 근거지를 마련하고 국내로 진출하는 독립군 투쟁으로 이어졌다.

해외 독립군 기지 창설

일본이 대한제국을 강제로 병합한 뒤 조선 내 모든 단체가 해산되자 애국지사들은 비밀 결사를 조직하여 독립운동을 시작했다. 이들 비밀 결사 조직은 주로 해외에 독립군 기지를 세워 독립 전쟁을 준비하는 상비 무장력을 갖추려 했으며 만주 지역의 독립군 단체들과 연계하거나 그들을 지원했다. 상비 무장을 위해서는 많은 군자금이 필요했기 때문에 국내의 비밀 결사들은 군사 인재 양성과 군자금 조달에 집중했다.

1911년 이회영, 이시영 6형제와 이동녕, 이상룡 등은 중국 유하현 삼원보로 이주하여 토지 개간과 농업 경영을 위한 경학사와 독립군 양성을 위한 신흥강습소를 설립했다. 그러나 현지 중국인들의 냉대와 추운 기후로 인해 농업에 실패하면서 경학사는 해체되었다.

1912년 이들은 통화현으로 이동해 부민단을 조직하고 다시 농업 기반의 정착을 시도했으며, 1913년에는 신흥강습소를 신흥학교로 개편했다. 신흥학교 졸업생들로 구성된 신흥학우단은 백서농장에서 농사를 짓는 동시에 군사 훈련을 받으며 국경의 일제 헌병경찰을 기습 공격하기도 했다. 3.1운동 직후에는 신흥무관학교로 이름을 바꾸고 본격적인 군사 양성 기관으로 탈바꿈했다. 1920년 일제의 공격으로 폐교될 때까지 약 3,500명의 졸업생을 배출했다.

1915년에는 대한광복회가 결성되었다. 이 단체는 만주에 독립군 기지를 설립하고 군대를 양성해 무력으로 독립을 쟁취할 것을 강령으로 내세웠다. 지도자 박상진은 유명한 의병장 허위의 제자로 대지주 집안 출신이자 양정의숙 전문부에서 법학을 공부하고 판사 시험에도 합격한 엘리트였다. 그는 법을 공부한 지식인이자 의병장의 제자로서 무장투쟁을 선택한 독특한 인물로 평가된다. 대한광복회는 친일파를 습격해 군자금을 조달하고 저항하는 이들을 처단했다. 1915년 경주에서는 세금 수송 마차를 습격해 8,700원을 탈취하기도 했다. 박상진은 1921년 대구 감옥에서 순국했다.

1917년에는 조선국민회가 결성되었다. 이 단체는 일본이 머지않아 중국을 침략할 것으로 예상하고 제국주의 국가 간의 패권 다툼이 벌어질 시기를 틈타 '조선인의 힘으로 조선의 독립을 쟁취하자'는 자력 무장투쟁 노선을 내세웠다. 오늘날에는 당연하게 여겨지는 이 자력 독립론을 당시 명확하게 표방한 단체는 드물었다.

조선국민회는 평양 숭실학교의 교사, 졸업생, 기독교 신자를 중심으로 장일환, 백세민, 김형직(김일성의 아버지) 등이 참여했으며 평양에 본부를 두고 전국 조직을 지향했다. 하와이, 간도 등 해외 조직과도 연결되어 있었고 회원 간에는 암호를 사용할 만큼 비밀 유지가 철저했으며 핵심 간부들은 권총을 소지한 채 활동했다.

그러나 1918년 2월 조선국민회의 주요 임원 25명이 일제에 체포되었고 지도자 장일환은 고문 끝에 사망했다. 조직은 큰 타격을 받았지만 살아남은 구성원들은 전국으로 흩어져 조직을 재건하며 만주 지역 무장 독립군 단체들의 통합을 추진하는 핵심 세력으로 활동을 이어갔다.

독립의 대문을 열어젖힌 3.1운동

들끓기 시작하는 한반도

1910년대 후반 우리나라에서는 비밀 결사 단체들의 활발한 활동과 노동자, 농민의 반일 투쟁이 이어지며 독립운동의 불씨가 점차 커졌다. 국제 정세 역시 이에 힘을 보탰다. 1917년 10월, 러시아에서 사회주의 혁명이 성공하자 조선의 지식인들은 이를 크게 환영했다. 제1차 세계대전 당시 조선의 독립운동을 탄압했던 제정 러시아가 몰락하고 정의로운 국가가 탄생했다고 보았기 때문이다. 독립운동가 박은식은 3.1운동 이듬해 펴낸 《한국독립운동지혈사》에서 러시아 혁명이 전제 정치를 무너뜨리고 민족 자결의 시대를 열었다고 평가했다.

"이 혁명을 통해 종래의 극단적 침략 국가가 이제 극단적 공화 국가가 되었다. 천지의 대변화가 일어났으니 한국도 활발히 맹진해야 한다."

이 같은 인식은 3.1운동의 기미독립선언서에도 반영되었다.

레닌이 러시아 내 100여 개 소수 민족의 권리를 보장하는 선언을 발표하자 미국의 윌슨 대통령도 1919년 1월 8일 민족자결주의를 담은 14개 조항을 발표했다. 이 두 강대국의 선언은 조선 지식인들에게 전 민족이 독립 의지를 하나로 모은다면 국제 사회의 지지를 얻을 수 있다는 희망을 심어주었다.

1919년 초 고종의 서거로 반일 감정이 고조되자 청년들은 즉각 행동에 나섰다. 이들은 두 차례 회의를 열고 독립선언서를 준비하며 전국적인 시위를 계획했다. 같은 해 2월 8일, 일본 도쿄에서는 유학생 600여 명이 모여 학생총회를 열고 조선청년독립단 이름으로 독립선언서를 발표했다. 서울에서는 저명인사들이 모여 민족 대표 33인을 선출했다.

해외에서도 독립운동은 활발히 전개되었다. 상하이에서는 여운형과 김규식이 윌슨 대통령의 특사에게 독립청원서를 전달했고, 미국에서는 안창호가 이끄는 대한인국민회가 파리강화회의에 이승만 포함 3인을 파견하려 했으나 미국의 출국 금지 조치로 윌슨 대통령에게 서면으로 독립청원서를 제출했다.

2월 1일에는 조소앙을 비롯한 39인이 무오독립선언을 발표하며 무장투쟁을 통해 독립을 쟁취하겠다는 결의를 천명했다.

3.1운동의 전개

3월 1일, 평양에서 첫 만세 시위가 일어났다. 정오를 알리는 종소리가 울리자 수천 명의 군중이 숭덕여학교 운동장에 모였다. 청년 학생 대표가 연단에 올라 독립선언서를 낭독하자 군중은 일제히 "조선 독립 만세!"를 외쳤다. 시위는 곧 10만 명 규모로 커졌고 격렬해진 시위대가 경찰서를 습격해 수감자를 풀어주기도 했다.

같은 날 오후 2시 30분, 서울 탑골공원에서도 시위가 시작되었다. 이곳에서도 청년 학생 대표가 독립선언서를 낭독하며 시위의 포문을 열었다. 총독부는 헌병과 군대를 동원해 강경 진압에 나섰지만 시위대는 물러서지 않았다. 서울의 시위는 평양보다 약 2시간 늦게 시작되었는데 이는 민족 대표 33인이 탑골공원에 나타나지 않았기 때문이었다. 그들은 학생들과 약속했던 현장 참여 대신 하루 전날 종로의 한 음식점에서 기미독립선언서를 낭독한 뒤 조선총독부에 자진 출두했다. 독립 의지를 표명하되 일본과의 정면충돌은 피하려는 무저항 노선을 택한 것이다.

3.1운동은 빠르게 전국으로 퍼져나갔다. 수많은 청년이 고향으로 내려가 시위를 이끌었고 12월까지 전국에서 시위가 벌어졌다. 만주, 연해주, 일본, 하와이 등 해외에 거주하는 조선인 사회에서도 만세운동의 불길이 타올랐다.

◦ 제암리 학살

    이에 대해 일제는 잔혹한 무력 진압으로 대응했다. 4월 15일, 수원 제암리에서는 일본군이 주민들을 교회 안에 가둔 뒤 무차별 사격을 가했다. 한 여성이 창문으로 아기를 내밀며 "이 아이만은 살려달라"고 애원했지만 일본군은 그 아기를 총창으로 찔러 교회 안으로 던졌다. 그날 일본군은 317가구를 불태우고 1,000여 명에 이르는 무고한 주민을 학살했다.

    1919년 3월부터 5월 말까지 일제의 탄압으로 목숨을 잃은 조선인은 7,509명, 부상자는 1만 5,961명, 체포 및 투옥된 사람은 무려 4만 6,681명에 달했다.

3.1운동의 의미

강대국의 식민 지배를 받는 나라가 독립을 이루기 위해서는 무엇보다도 민족적 기개와 자신감이 필요하다. 일본이 추진한 내선일체화 정책은 이러한 기개를 말살하려는 시도였지만 3.1운동은 우리 민족 전체가 일제에 맞서 싸울 의지를 지니고 있음을 분명히 보여주었다. 비록 이 운동이 곧바로 독립을 가져오지는 못했지만 이후 독립운동의 방향과 지평을 넓히는 전환점이 되었다.

3.1운동은 일제의 식민 통치에도 큰 타격을 주었다. 당시 일제의 통치 기관 160여 곳이 파괴되거나 불탔으며 충격을 받은 일본은 무단통치에서 문화통치로의 전환을 선언했다. 그러나 이는 조선 민중을 회유하려는 수단에 불과했고 오히려 민중의 각성과 독립 의지를 더욱 자극하는 계기가 되었다.

3.1운동은 해외에도 영향을 미쳤다. 인도의 독립운동가 자와할랄 네루는 감옥에서 3.1운동의 소식을 듣고 딸에게 편지를 보냈다.

1919년 조선의 3.1운동에서 조선 민중, 특히 청년 남녀는 압도적인 적에 맞서 용감하게 싸웠다. 조선에서는 막 학교를 졸업한 젊은 여성들조차 독립운동에서 중요한 역할을 했다고 한다. 너도 이 이야기에 마음이 크게 움직일 것이라 믿는다.

1920년대 독립운동의
두 얼굴

민족주의의 한계

 1919년 3.1운동을 계기로 독립운동은 급속히 확산되었지만 1920년대의 독립운동은 순탄치 않았다. 같은 해 4월 출범한 상하이 임시정부는 출범하자마자 내분에 휩싸였다. 이승만이 미국 윌슨 대통령에게 한국의 위임 통치를 청원한 사실이 알려지자 내부에서 큰 논란이 일었다.
 이에 신채호는 강하게 반발했다.
 "미국에 편안히 앉아 위임 통치를 청원한 이승만을 어떻게 임시정부의 수반으로 모실 수 있단 말이오? 이완용은 있던 나라를 팔아먹었지만 이승만은 아직 세워지지도 않은 나라를 팔아먹은 자요."

그러나 이승만은 외교 독립론을 앞세워 초대 대통령에 올랐고 이를 받아들일 수 없었던 인사들은 하나둘 임시정부를 떠났다. 1923년 1월, 독립운동 세력의 통합을 위한 국민대표회의가 열렸지만 임시정부의 존속 여부를 두고 의견이 갈리면서 갈등은 더욱 심화되었다. 1925년 임시의정원이 이승만을 대통령직에서 면직시키면서 임시정부는 사실상 기능을 상실하게 되었다.

이 무렵 일제는 문화통치를 표방하며 최린, 이광수 등을 앞세워 민족개량주의를 퍼뜨리기 시작했다. 이는 "불가능한 독립을 외치기보다는 조선총독부가 허용하는 범위 안에서 민족의 삶을 개선하자"는 주장이었다. 이 사상이 확산되며 민족운동 진영 내부에도 분열이 일어났다.

당시 독립운동의 주된 이념은 민족주의였다. 민족주의는 민족 전체의 이익을 우선하는 사상이지만 제국주의의 팽창 속에서 이념만으로는 단결을 이루기 어려웠다. 계층마다 생각하는 민족의 이익이 달랐기 때문이다. 유생들에게는 신분적 질서가, 자본가에게는 사유 재산 보호가, 노동자나 농민에게는 생존과 삶의 조건이 곧 민족의 이익이었다. 이처럼 계급의 차이를 고려하지 않고 민족주의만 내세운 운동은 하나로 뭉치기 어려웠다.

모든 계층의 이익을 만족시키는 것은 불가능하다. 따라서 조선 민중의 다수를 이루는 노동자와 농민이 중심이 되어 외세와 결탁한 일부를 제외한 나머지 계층과 연대하는 전략이 필요했다. 이것이 1920년대 독립운동이 직면한 핵심 과제였다.

해결의 실마리는 북방에서 시작되었다. 1917년 러시아에서 노동자들이 권력을 잡는 사회주의 혁명이 성공하자 조선의 노동자, 농민, 지식인들도 단순한 독립을 넘어 새로운 사회 건설에 대한 꿈을 품기 시작했다. 민족주의가 독립운동의 주도 이념이던 시기를 지나 사회주의가 새로운 동력으로 부상한 것이다. 노동 계급의 성장과 함께 노동운동과 사회주의 사상도 빠르게 확산되었다.

조선공산당의 출현

1920년대 들어 일본 자본이 본격적으로 침투하면서 산업이 급속히 확장되었고 이에 따라 노동자 계층도 급격히 늘어났다. 이들은 일본인보다 훨씬 낮은 임금과 긴 노동 시간에 시달리며 저항 세력으로 성장했다.

대표적인 사례로는 1921년 부산 부두 노동자 총파업, 1923년 경성 고무공장과 평양 양말공장 노동자 파업, 1924년 군산 도정 노동자 파업과 평양 인쇄 직공 파업 등이 있다. 이러한 흐름 속에서 1924년 4월 전국 174개의 노동 단체가 모여 조선노농총동맹을 결성했다. 이들은 노동자와 농민의 해방과 새로운 사회 건설을 목표로 삼고 최저임금제 도입, 8시간 노동제, 소작료 3할

제 등을 요구했다.

농민들의 투쟁도 활발히 전개되었다. 1920년부터 1925년까지 무안군 암태도와 황해도 재령군 나무리벌을 포함해 전국적으로 610건의 소작쟁의가 발생했고 참여자 수는 3만 명에 달했다.

청년과 학생들도 가만히 있지 않았다. 1924년 4월에는 조선청년총동맹이 결성되었고 1925년까지 발생한 동맹휴학은 234건에 이르렀다.

독립운동은 단순히 국권을 되찾는 데 그치지 않고 제국주의의 착취와 억압을 끝내는 것이었기에 노동운동, 농민운동, 여성운동 등 각계각층의 사회운동은 독립운동의 중요한 축이 되었다. 이러한 흐름 속에서 조선노농총동맹, 조선청년총동맹, 조선여성동우회, 형평사(백정 해방운동) 등 다양한 계급 및 계층 조직이 결성되었다. 대중조직이 점차 확대되자 이를 이끌 정치적 지도 세력이 필요해졌고 1925년 마침내 조선공산당이 결성되었다. 이는 민족주의만으로는 더 이상 민중의 반일 투쟁을 효과적으로 이끌 수 없다는 현실을 보여주는 상징적인 사건이었다.

신간회의 등장

1926년 4월 말, 순종의 서거를 계기로 민중의 분노가 다시 폭발했다. 조선공산당은 비밀 조직을 통해 시위를 준비했지만 사전에 발각되어 주요 인사들이 체포되었다. 그런데도 6월 10일 장례식 당일 전국에서 약 2만 4,000명의 학생이 참여해 대규모 시위를 벌였다. 6.10 만세운동으로 불리는 이 시위는 이후 1929년 광주학생운동으로 이어지는 중요한 기점이 되었다.

같은 시기 민족진영 내부에서는 조선총독부와의 타협을 통해 자치권을 얻고자 하는 자치주의가 대두되기 시작했다. 이에 맞서 독립운동 진영의 단합을 이루기 위해 조선공산당은 1927년 2월 비타협적인 민족주의 세력과 손잡고 신간회를 결성했다. 신간회는 이상재, 홍명희, 허헌 등 사회적으로 신망 높은 인사들이 주도했으며 정치 경제적 각성, 민족의 단결, 기회주의 배격을 강령으로 내세웠다. 그뿐만 아니라 언론·집회·결사·출판의 자유 요구, 원산 총파업 지원, 갑산 화전민 항일운동 진상 조사, 여성 차별 반대, 수재민 구호 활동 등 민중과 밀접하게 연결된 활동도 적극적으로 펼쳤다.

신간회는 전국에 120~150여 개 지회를 설치하고 약 3만 7,000명의 회원을 확보하며 독립운동의 새로운 중심으로 자리매김했다. 1929년 11월 3일에는 광주학생운동의 진상을 밝히기 위해 조사단을 파견하고 민중대회를 열 계획이었으나 일제는 이를 탄압하고 지도부를 구속했다. 이후 새 집행부가 일제와의 타협을 시도하자 내부에서는 신간회의 존립 의의가 사라졌다고 판단했고 결국 1931년 5월 자진 해산을 결정했다.

◦ 6.10 만세운동

◦ 광주학생운동

서간도에서 청산리까지, 무장 독립운동의 전개

독립군 단체

3.1운동 이후 만주에서는 독립군 부대가 우후죽순처럼 생겨났고 무장투쟁이 본격화되기 시작했다. 이는 일제의 잔혹한 학살을 직접 목격한 조선 민중 사이에 '무장한 적은 무장으로 맞서야 한다'는 공감대가 널리 퍼졌기 때문이다. 실제로 일제는 시위대를 진압하기 위해 용산 주둔 20사단까지 동원하여 민중을 총칼로 짓밟았다.

일부 인사들은 국제 사회에 호소하면 독립이 가능할 것이라 믿고 청원운동을 펼쳤지만 어떤 강대국도 조선의 독립에 관심을 보이지 않았다. 이 과정을 거치며 무장투쟁이야말로 독립을

◦ 서간도와 북간도

이룰 수 있는 유일한 길이라는 인식이 더욱 분명해졌다.

당시 독립운동은 다양한 노선으로 전개되었다. 조선 왕조의 부활을 추구하는 복벽주의, 근대 국가 수립을 지향하는 공화주의, 대종교나 천도교 같은 종교계 기반의 운동 등 모두 독립이라는 목표는 같았지만 사상과 방식이 달라 단결은 쉽지 않았다. 독립군 단체들 또한 크고 작은 조직이 만들어졌다가 합쳐지고 다시 분열되는 일이 반복되었다.

이러한 독립군 활동의 주요 무대였던 간도(만주)는 지리적으로 서간도와 북간도로 나뉜다. 서간도는 백두산의 서남부에서 압록강 맞은 편 지역이며, 북간도는 백두산 동북부에서 두만강 동쪽 지역으로 용정, 연길, 화룡, 왕청, 훈춘을 중심으로 액목, 돈화, 동녕, 안도 등지를 포함한다.

3.1운동 이후의 국내 무장 활동

1919년 초여름, 평안북도 삭주에서 최시흥이 화전민과 벌목 노동자들을 모아 무장대를 조직했다. 처음 50명으로 시작한 이 무장대는 1920년 2월 조선국민회의 오동진을 만나면서 천마산대로 재편되었고 대원 수도 500여 명으로 크게 늘어났다. 천마산대는 일본 군수 창고를 습격하고 주재소와 면사무소를 불태우며 무기와 탄약을 확보했다. 그러나 같은 해 9월 일본군의 대대적인 토벌로 본부가 해체되자 천마산대는 만주로 이동해 조직한 광복군총영에 합류했다.

1920년 6월, 만주 유하현 삼원포에서 조선독립단 소속의 이명서와 8명의 무장대가 압록강을 넘어 구월산에 잠입했다. 이들은 구월산대로 불리며 친일 군수 처단, 군자금 모집, 일본 경찰과의 교전 등을 펼쳤지만 3개월 만에 전원 체포되었다.

같은 시기 평양에서는 의용단, 평안북도 의주군에서는 김시황이 이끄는 보합단이 활동했다. 그러나 일제의 탄압이 거세지자 이들 단체 역시 만주로 근거지를 옮겼다.

서간도의 주요 단체

대한독립단은 1919년 4월 삼원포에서 결성되었다. 통화현에서 일본 영사 일행을 처단하는 것을 시작으로 주재소 습격, 군자금 모집, 친일파 처단 등 활발한 무장투쟁을 전개했다. 내부적으로는 단군기원을 주장한 기원독립단과 대한민국 연호를 내세운 민국독립단 간의 대립이 있었지만 반일 투쟁에서는 협력하며 공동의 전선을 유지했다. 그러나 1921년 7월 총재 박장호가 암살되면서 세력이 크게 약화되었다.

서로군정서는 대종교계 조직인 부민단이 3.1운동 이후 한족회로 개편되고 1919년 4월 군정부를 수립하며 출범한 무장 단체다. 상하이 임시정부에 참여해 정부라는 명칭을 사용할 수 없게 되자 이름을 서로군정서로 바꾸었다. 1만여 호의 조선인 가구를 관할하며 군자금을 모았고 의회와 재판소를 운영하며 정교한 조직 체계를 갖추었다. 신흥무관학교 출신 간부들과 농민들을 훈련해 독자적인 군대도 양성했다. 이후 1922년에는 대한통군부로 통합되었고 다시 통의부로 개편되었다.

광복군총영은 1920년 2월 오동진의 광제청년단과 안병찬의 대한독립청년단 등 무장 단체가 연합해 결성한 후 압록강을 넘어 안주, 신의주, 선천 등지에서 조선총독부 기관과 경찰서를 습격하는 국내 진공 작전을 벌였다. 오동진은 만주 지역 독립운동의 통합에도 앞장섰으며 1927년 체포될 때까지 143

◦ 1920년대 만주 독립운동 단체

회에 걸친 작전을 지휘하며 일경과 밀정 수백 명을 처단했다. 그는 옛 동료의 밀고로 체포되어 신의주 법원에서 무기징역을 선고받았으며 당시 예심 기록만 3만 5,000쪽에 달해 간디의 예심 기록(2만 5,000쪽)을 뛰어넘을 정도였다. 재판 당일 수천 명이 방청하던 법정에서 그는 재판장석에 올라 "조선 독립 만세!"를 외치며 법정을 뒤흔들었다. 오동진은 1944년 공주 형무소에서 순국했고 대한민국은 1962년 그에게 건국훈장 대한민국장을 추서했다.

장백 지역에서는 흥업단, 군비단, 대전단 등 독립군 단체가 활동했다. 이들은 1921년 가을 국민단으로, 1922년에는 광정단으로 통합되며 통신선을 절단하고 무기 및 탄약 등 군수 물자를 노획하는 등 적극적인 무장 활동을 벌였다.

북간도의 주요 단체

중광단은 대종교의 무장투쟁 조직으로 1919년 8월 신민회 출신 무관 김좌진을 초빙해 군정회를 조직한 뒤 명칭을 북로군정서로 바꾸었다. 약 1,000명의 병력으로 구성된 북로군정서는 당시 만주 최대의 독립군 단체였다. 간도 지역의 교포 단체인 의민회, 신민단, 광복단, 간도국민회 등의 후원을 받았으며 시베리아에서 철수하던 체코군으로부터 무기를 구입해 양질의 장비를 확보했다.

홍범도는 1919년 3월 13일 연해주에서 무장 부대를 조직하기 시작해 8월 초 250여 명을 이끌고 북간도로 이동하여 대한독립군을 창설했다. 이후 갑산, 강계, 만포 등지의 일본군 주재소를 습격한 공로를 인정받아 대한국민회 산하에 편입되며 군대로서 체계를 갖추었다. 이어 안무가 이끄는 국민회군과 연합해 국내 진공 작전을 수행했고 일본군 수비대를 여러 차례 공격하며 활동 범위를 넓혀갔다.

한편, 봉오동 지역에는 1919년 최진동 3형제가 설립한 군무도독부가 있었다. 이들은 연무장까지 갖추고 대원들에게 체계적인 훈련을 실시하며 무장투쟁을 준비했다.

　1920년 5월 28일, 홍범도의 대한독립군과 안무의 국민회군이 연합하여 대한북로독군부를 구성했다. 이들은 약 1,000명의 병력을 보유하며 대규모 전투를 준비하고 무장을 강화했다. 그 대표적인 전투가 바로 봉오동 전투였다.

만주벌의 승전보, 봉오동에서 청산리까지

　만주에 주둔한 독립군들은 국경을 넘나들며 일본 군경을 지속해서 습격했다. 〈독립신문〉 1920년 12월 25일 자 보도에 따르면 그해 3월부터 6월 초까지 독립군의 국내 진공 작전은 32회에 달했고 일본 경찰 기관을 습격한 사례도 34곳에 이르렀다. 조선총독부 경무국이 발표한 자료에서도 1920년 한 해 동안 독립군의 국경 지대 출동은 총 602회, 참여 인원은 3,148명, 교전은 160회로 집계되었다.

　독립군의 활동이 점차 활발해지자 일제는 토벌 공세를 대대적으로 강화했다. 1920년 5월, 조선총독부 경무국장은 중국 심양을 방문해 군벌 세력 실력자인 장작림을 만나 일본군의 간도 출병에 대한 동의를 얻고 본격적인 독립군 토벌을 준비했다.

봉오동 전투

일본군의 움직임을 간파한 홍범도와 최진동은 그들을 봉오동 골짜기로 유인해 섬멸하는 작전을 세웠다. 6월 4일 오전 5시경, 약 30명의 유인조가 두만강을 넘어 강양동에 있는 일본 헌병 초소를 기습한 뒤 곧바로 철수했다. 이에 일본군 남양 수비대가 즉각 출동했지만 패배했고 다음 날에는 야스카와 추격대가 편성되어 독립군을 쫓기 시작했다.

독립군은 봉오동 골짜기를 비워두고 상봉오골 북쪽 고리령 일대에 매복했다. 6월 7일 낮 12시경, 일본군이 매복 지대에 진입하자 독립군은 집중 사격을 퍼부었고 일본군은 대오를 가다듬지 못한 채 오후 8시쯤 두만강 인근으로 도망쳤다. 일본 자료에 따르면 이 전투에서 일본군 전사자는 120명에 달했다.

봉오동 전투의 대승은 홍범도와 최진동의 뛰어난 지략뿐만

◦ 퇴각하는 일본군

아니라 여러 독립군 부대가 힘을 합쳐 협동 작전을 수행한 덕분이었다. 당시 민족의 반일 감정은 극에 달해 있었고 독립군의 사기도 높았으며 무기와 군사 훈련도 매우 우수했다. 최진동 3형제가 건설한 대규모 막사촌과 연병장, 체코군으로부터 구입한 질 좋은 무기들도 무장력을 뒷받침했다.

봉오동 전투는 독립군에게 일본군과의 정면 승부도 가능하다는 자신감을 심어주었고 시베리아를 침략 중이던 일본에게 큰 타격을 주며 독립군의 실질적인 군사력을 입증한 의미 있는 승전이었다.

청산리 전투

봉오동 전투 승리 직후인 1920년 7월 11일 홍범도 부대는 간도의 일본 영사관을 기습했다. 이에 분노한 일본은 장작림에게 중일 합동 수색대를 제안했다. 그러나 일본군의 만주 출병을 꺼리던 장작림은 자신들이 직접 독립군을 토벌하겠다고 답했다.

하지만 독립군의 반발을 우려한 중국 측 인사들은 독립운동 지도부와 비밀리에 협의한 끝에 독립군이 근거지를 깊은 산속으로 옮긴다면 이동을 보장하고 새 거점 건설을 방해하지 않겠다는 조건을 제시했다. 이에 따라 독립군 부대들은 1920년 8월 하순부터 본격적인 거점 이동에 나섰고 8월 28일부터 출동한 중국군은 이미 비워진 독립군 기지를 파괴하는 시늉만 내고 철수했다.

중국을 이용한 독립군 탄압이 실패하자 일본은 훈춘 사건을 조작했다. 마적단이 훈춘시를 습격하고 일본 영사관에 불을 지른 것처럼 꾸민 뒤 "마적 중에 불령선인(조선 독립운동가를 비하하는 말)이 섞여 있어 일본인에게 위해를 가했다"고 날조한 것이다. 이를 구실로 일본은 약 2만 5,000명의 병력과 2만여 명의 경찰을 간도에 투입했다.

일본군이 간도에 진입할 즈음 홍범도의 대한독립군과 국민회군, 의군부, 의민단, 북로군정서 등 독립군 부대는 청산리 인근에 집결해 있었다. 일본군이 접근하고 있다는 정보를 입수한 독립군 연합 부대는 화룡현 삼도구 청산리에서 결전을 준비했다. 1920년 10월 21일부터 26일까지 벌어진 청산리 전투는 백운평, 완루구, 천수평 등 여러 지점에서 동시다발적으로 전개되었다.

김좌진이 이끄는 북로군정서와 홍범도의 연합군은 매복과 기습을 통해 일본군을 격파했다. 특히 일본군 본대가 김좌진 부대를 포위해 위기에 빠지자 홍범도 부대가 역으로 일본군을 포위해 전멸시켰다. 이 전투에서 일본군은 1,200명 이상 전사했지만 독립군의 전사자는 100여 명에 불과한 대승이었다.

3.1운동이 조선 민족의 존재를 세계에 알렸다면 봉오동 전투와 청산리 전투의 승리는 독립군의 무력으로도 일본군에 맞서 싸워 이길 수 있다는 확신을 심어주었다. 이 연합 작전은 소규모 무장 단체들이 연대하고 통합하면 강력한 전투력을 발휘할 수 있다는 점을 입증하며 이후 만주 지역 독립운동 단체의 통합을 이끄는 중요한 전환점이 되었다.

분열과 통합,
경신참변에서 3부 통합까지

독립군의 시련

경신참변, 조선인에 대한 대규모 학살

1920년 10월, 일본군은 독립군을 소탕한다는 명목으로 북간도를 침략해 조선인을 대상으로 무차별 학살을 자행했다. 이 참혹한 사건은 경신참변으로 불린다.

10월 22일, 일본군은 왕청 서대파와 십리평 일대를 기습해 독립군 병영과 사관 양성소 7개 동을 불태우고 백초구, 의란구, 팔도구 일대에서 약 150명의 조선인을 학살했다. 10월 30일에는 용정촌 장암동에서 33명의 성인 남성을 한자리에 모은 뒤 총살하고 시신마저 불태웠다. 연길현 의란구에서는 4형제가 집 안에 갇힌 채 불에 타 숨졌고 교사였던 정기선은 심한 고문 끝에 얼굴을 알아볼 수 없을 정도로 훼손된 채 살해당했다.

팔도구에서는 어린이 네 명이 일본군에게 잔혹하게 살해당했으며 연길현 소영자와 화룡현 이도구 등지에서는 수십 명의 부녀자가 집단 성폭행을 당했다. 심지어 세 살도 되지 않은 아이가 창끝에 꿰어서 들려지는 반인륜적 만행도 벌어졌다. 1920년 10월부터 13개월간 북간도의 8개 현에서 일본군은 3만여 명의 무고한 조선인을 학살하는 끔찍한 범죄를 저질렀다.

이 비극을 떠올릴 때 아쉬운 마음이 든다. 당시 독립군은 왜 조선인 민간인을 보호하거나 이들을 전투에 참여시키는 방안을 마련하지 못했을까? 당시 독립군은 여전히 민간인을 후방의 지원 세력으로만 인식하고 항일 투쟁의 주체로 함께 싸워야 한다는 인식이 부족했던 것으로 보인다. 이는 민족주의 계열 독립운동의 한계이기도 했다. 군대와 민중이 하나가 되어 전면적인 항일 투쟁을 전개하는 과제는 이후 1930년대 중반 사회주의 계열 무장투쟁에서 비로소 현실화되었다.

자유시 사변, 독립군의 분열과 참극

경신참변 이후 독립군은 만주 국경 지대인 밀산에 모여 연해주로 이동하기로 결정했다. 연해주는 일찍이 독립운동의 중요한 거점이었으며 당시 약 20만 명의 조선인이 거주하고 있었다. 1921년 1월 초, 북로군정서, 대한독립군, 대한국민군, 대한신

◦ 경신참변

민단, 군무도독부 등 10여 개 단체가 모여 3,500여 명 규모의 대한독립군단을 결성하고 자유시(스보보드니)로 향했다. 그러나 당시 연해주의 정세는 복잡했다.

러시아에서는 사회주의 혁명이 성공했지만 여전히 소비에트 공화국이 창설되기 전이었고 러시아 공산당은 일본의 시베리아 침략에 대응하기 위해 극동공화국을 세운 상태였다. 서방 열강은 혁명을 저지하려다 철수했지만 일본은 끝까지 시베리아에서 물러나지 않았다.

연해주의 조선인 사회 역시 복잡했다. 1919년 2월, 자유시에서는 대한국민의회가 결성되어 재러 조선인의 임시정부 역할을 했고 조선인 400명으로 구성된 자유대대는 극동공화국 제2군단 소속의 별동대였다. 총지휘관 오하묵은 러시아 적군 제2군단 제6연대장이자 블라고베셴스크 수비대장으로 활동한 교포 2세대였다. 이 외에도 1920년 2월 일본군이 니콜라옙스크 항을 점령하자 박일리아 등이 맞서 싸우며 조직한 사할린의용대가 존재했다.

연해주 일대가 일본에 점령당하자 러시아의 반일 부대들은 북쪽 아무르주로 이동했고 1921년 1월 16일 극동공화국 한인부는 모든 조선인 반일 부대를 사할린의용대로 통합한 후 마사노프로 이동시켰다. 그러나 자유대대는 이를 거부해 결국 무장을 해제당했다. 이에 오하묵은 이르쿠츠크에 있는 코민테른(국제당) 극동비서부에 찾아가 조선인 무장 부대의 지휘권을 넘겨

달라고 요청했다.

  1921년 3월 중순, 러시아 공산당은 고려군정의회를 출범시키고 총사령관에 러시아 장교 칼란다라시빌리를, 부사령관에 오하묵을 임명한 뒤 이르쿠츠크 조선인 병력 600명으로 고려혁명군을 편성했다. 5월 2일, 고려군정의회는 조선인 무장대를 다시 자유시로 이동시켰지만 이번에는 사할린의용대가 이를 거부했다.

  상황은 더 급변했다. 일본과 러시아가 어업 조약을 체결하면서 일본은 러시아에 조선인 무장 부대의 해산을 요구했고 러시아는 이를 수락해 사할린의용대에 무장 해제를 통보했다. 그러나 반일 무장투쟁을 위해 연해주에 온 박일리아 등은 이를 받아들이지 않았다. 1921년 6월 28일 오전 5시부터 10시간 넘게 양측의 대치가 이어지다가 결국 극동공화국 수비대가 무력 공격을 가해 수많은 독립군이 희생되거나 실종되었다. 이를 자유시참변이라 부른다.

  일부에서는 이 사건을 상하이파 공산당(박일리아)과 이르쿠츠크파 공산당(오하묵)이 러시아 공산당의 인정을 받으려 벌인 주도권 다툼이자 러시아 공산당이 이르쿠츠크파에 손을 들어주며 독립군을 학살한 사건으로 본다. 그러나 이는 연해주 상황을 제대로 이해하지 못한 평가이기도 하다.

  자유대대는 러시아에 귀화한 인물들이 사회주의 혁명에 적극적으로 참여해 민족의 권익을 확보하려 했지만 사할린의용대는 조선 독립운동의 목적을 위해 일시적으로 공산당을 지지한 성격이 강했다. 러시아는 일본과의 협상 타결에 따라 조선인 무장 세력에 대한 지휘권 정리가 불가피했지만 이를 수용하지 못한 사할린의용대와 충돌이 벌어진 것이다.

어느 쪽의 책임이 더 크다고 단정하기는 어렵지만 자유시 참변은 독립군의 분열과 한계 그리고 급변하는 국제 정세 속에서 약소민족이 처한 현실의 취약함을 여실히 보여준 사건이었다.

3부의 정립과 통합을 위한 노력

통의부

1920년대 들어 일제의 탄압이 심화되자 남만주의 독립군 단체들은 통합을 모색하기 시작했다. 1922년 8월, 환인현에서는 광복군총영, 서로군정서, 대한독립단 등 주요 단체의 대표 70여 명이 모여 통의부를 결성했다. 통의부는 지방 자치 조직의 성격을 띠며 각 현에 총관사무소를 설치하고 총관과 역원을 파견했다. 총 26개의 총관사무소가 설치되었고 군관학교를 운영해 청년들을 모집했으며 전투 중대와 군자금 모집 부대도 함께 조직되었다.

그러나 내부의 급진 청년파와의 무장 갈등으로 1923년 3월 의군부가 통의부에서 이탈하면서 조직은 분열되었다. 같은 해

9월, 의군부가 상하이 임시정부 소속으로 들어간다는 소식이 전해지자 김형직과 오동진은 이를 자파 세력 확장을 위한 분파적 행위라며 비판했다. 이후 의군부는 1924년 초 육군주만참의부로 이름을 바꾸고 상하이 임시정부의 지휘를 받았다.

만주의 조선인 자치 단체 3부 – 정의부. 신민부. 참의부

독립군 단체의 통합을 염원하던 통의부, 광정단, 서로군정서, 의성단, 노동친목회, 길림주민회 등의 대표들은 약 3개월간 논의를 거쳐 1925년 1월에 정의부를 결성했다. 정의부는 약 7만 6,800명의 주민을 관할하며 총관사무소와 독립군 중대를 조직했고 화전 지역에는 무관학교인 화성의숙을 설립했다. 그러나 내부에서는 공산주의 세력과의 연합을 주장하는 측과 중국이나 미국 등 외세에 의존해 독립을 이루어야 한다는 측이 대립하며 실질적인 단체 통합에는 실패하고 말았다.

자유시 참변 이후 북만주로 돌아온 김좌진을 비롯한 약 600명의 독립군은 농가에 머물며 활동을 재개했지만 점차 반일 투쟁보다는 공산주의에 대한 반대 활동에 집중하게 되었고 이는 조직의 침체로 이어졌다. 이후 대한독립군단, 북로군정서, 대전청년회가 모여 1925년 3월 15일 신민부를 창립했으나 곧 군정파와 민정파로 나뉘어 갈등을 빚었고 1927년 12월 말에는 군정파가 민정파를 테러하는 사건까지 발생했다.

한편, 압록강 인근에서 결성된 참의부는 1925년 3월 회의를

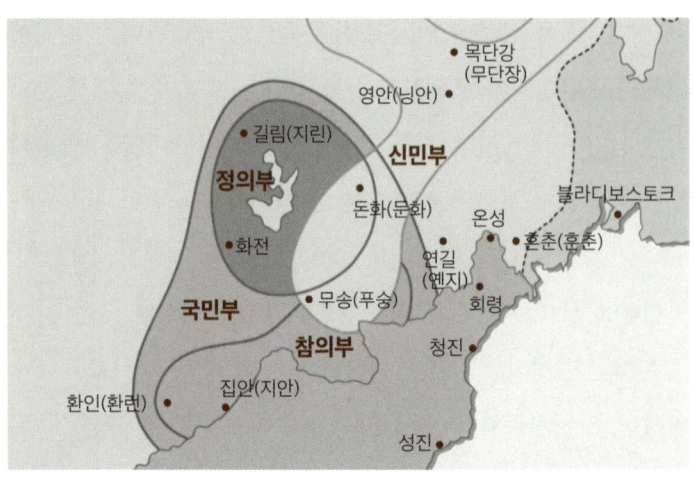
◦ 만주의 3부

열었으나 일제의 기습으로 30여 명이 희생되며 조직이 크게 약화되었다. 정의부, 신민부, 참의부는 출범 직후부터 각자의 관할 구역을 정하고 세력 확장에만 몰두한 결과 결국 몰락의 길을 걷게 되었다.

분열 속 통합 그리고 양세봉

1925년 6월, 일제는 중국 군벌과 미쓰야 협정을 체결했다. 이 협정은 중국 관리들이 독립군으로 의심되는 조선인을 체포해 일본 영사관에 인도하면 포상금을 지급한다는 내용이었다. 이에 따라 중국 군벌은 아무런 근거 없이 조선인을 무차별적으로 체포해 일본에 넘기는 일이 빈번해졌고 독립군은 각개 격파의 위기에 처하며 활동이 위축되었다. 실제로 1924년 560건에 달하던 독립군의 국내 진출 활동은 1930년에는 고작 3건으로 줄었고 반일 투쟁이 줄자 민중의 지지도 점차 약화되었다.

이에 따라 3부의 지도자들은 1927년 초부터 다시 통합을 추진하며 난국을 돌파하려 했으나 내부 분열과 상호 테러로 인해 진전되지 못했고 통합의 중심 역할을 하던 오동진의 체포는 큰 타격이 되었다. 결국 2년간의 협의 끝에 1929년 4월 정의부의 잔류파, 신민부의 민정파, 참의부의 주류파가 모여 국민부를 결성했다. 국민부를 기반으로 민족유일당 조직동맹이 출범했고 이는 곧 조선혁명당으로 개칭되었다. 국민부 산하의 군대도 조선혁명군으로 개편되었으며 조선혁명당은 국민부와 조선혁명군을 지도하는 체계를 갖추었다.

그러나 국민부는 독립군 통합이라는 조선 민중의 열망보다는 내부적으로 확산되던 사회주의 영향을 차단하는 데 더 큰 관심을 보였다. 1929년 10월, 왕청문에서 열린 청년 단체 통합회의에서는 사회주의 계열 청년 6명을 살해하는 백색 테러가 자행되었고 이에 따라 민족주의 진영과 사회주의 진영 간의 갈등은 더욱 깊어졌다.

1931년 9월 만주 사변 이후 조선혁명당은 활동이 크게 위축되었으며 이듬해 1월 일본군의 기습으로 간부들이 살해되거나 도피하면서 조직은 큰 위기를 맞았다. 중국 본토로 이동하지 않고 만주에 잔류한 당원들은 조선혁명군 총사령관으로 양세봉

◦ 요녕성에 세워진 양세봉 추모석상

을 선출하고 재정비에 나섰다.

양세봉은 평안북도 철산군의 소작농가에서 태어나 천마산대와 광복군총영에서 중견 지휘관으로 성장한 인물이다. 1932년 일제의 만주 침략 직후 조선혁명군 총사령관이 된 그는 당취오가 이끄는 요녕민중자위군과 연합해 영릉가성을 탈환하며 중국군의 신뢰를 얻었다. 이후 신개령 전투, 신빈현성 전투, 청원현성 전투, 무송현성 전투 등 200여 차례의 전투에서 큰 승리를 거두었다. 그러나 1932년 연합군이 해체되고 2년 뒤인 1934년 9월 전사했다.

양세봉은 남과 북은 물론 중국에서도 인정받는 항일 투사로 통화에는 그의 동상이 세워져 있으며 국립 서울현충원과 평양 애국열사릉에도 그의 무덤이 조성되어 있다.

임시 혁신의회

북만주에서는 신민부 인사들을 중심으로 한족총연합회를 조직하여 합법적인 자치운동을 모색했다. 그러나 이 자치운동은 일본 영사관의 승인을 전제로 한 민족개량주의 노선에 불과하다. 바로 이 때문에 이 흐름을 대표하던 김좌진은 1930년 1월 한 청년에 의해 암살당했다.

같은 해 7월, 지청천은 한국 독립당과 산하 무장 조직인 한국독립군을 창립했다. 당시 북만주에서는 공산주의가 빠르게 확산되고 있었고 이에 반공 성향의 민족주의자들은 중국 군벌 정권과 협력해 조선인 공산주의자를 토벌하는 데 집중했

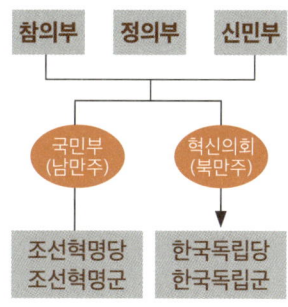

◦ 조선혁명군과 한국독립군 계보

다. 그러나 반공에 몰두할수록 반일 투쟁에서는 멀어졌고 민중의 지지도 약화되면서 군 조직으로서의 역량 유지에도 어려움을 겪었다. 결국 한국독립군은 중국 군벌 정초의 부대에 별동대로 편입되었다.

흥미로운 점은 지청천이 중국 군벌의 별동대에 속해 있던 시기 김일성이 이끄는 조선인민혁명군과 연합 전투를 벌였다는 사실이다. 이 전투는 이후 지청천의 업적으로 포장되기도 했지만 실제로는 1933년 4월 김일성이 중국 군벌과 연대하기 위해 치열하게 준비했던 동녕현성 전투였다. 이후 지청천은 전투에서 얻은 노획품 분배를 두고 중국군과 갈등을 빚었고 결국 결별한 뒤 임시정부가 있는 중국 관내로 이동하게 되었다.

2부

독립운동의
새로운 기치를 올리다

HISTORY OF LIBERATION

길림에서 시작된
젊은 혁명

1920년대 새로운 길을 찾은 청년들

1918년 말 제1차 세계대전이 끝난 뒤 전 세계는 제국주의의 잔혹한 현실에 충격을 받았다. 전쟁 지원을 조건으로 독립을 약속했던 영국은 인도를 배신했고 이에 대한 반응으로 간디는 무저항 비폭력운동을 전개했다. 그의 운동은 제국주의 폭력에 정면으로 맞설 힘이 부족했던 당시 인도 사회의 두려움과 절망을 반영한 것이기도 했다.

식민지 조선도 예외는 아니었다. 조선의 일부 지식인들은 '열등한 조선 민족을 일본이 보호하고 통제해야 한다'는 이른바 민족개량주의에 빠져있었다. 이는 일제에 대한 분노를 조선 스스로에 대한 열등감으로 바꾸어 식민 지배를 정당화하려는 흐름이었다. 1922년 소설가인 이광수가 발표한 《민족개조론》이 이러한 경향에 불을 지폈다.

1920년대 중반 조선 독립은 요원해 보였다. 3.1운동의 거대한 함성도, 만주 독립군의 무장투쟁도 독립을 현실로 만들지 못했다. 이런 암울한 현실 속에서 "낡은 것을 털어내고 새로운 길을 개척해야 한다면 그 출발점은 어디인가?"라는 질문을 품은 청년들이 있었다. 그들은 15~20세 사이의 학생들이었으며 그 중에는 훗날 김일성으로 알려진 김성주도 있었다.

앞에서는 개인과 단체가 이끈 독립운동의 큰 흐름과 주요 사건들을 살펴보았다. 이제부터는 한 청년 모임이 걸어간 19년간의 여정과 일관된 전략 및 전술로 1945년까지 이어 나간 항일 무장투쟁 활동을 조명하고자 한다. 분단 이후 대한민국은 김일성 중심의 항일 투쟁사를 제대로 알리지 않았고 알려진 내용마저 왜곡된 경우가 많았다. 그럼에도 이들의 활동을 바로 아는 것은 우리나라의 독립운동사를 온전히 이해하는 데 매우 중요하다.

화성의숙에서의 문제의식

정의부가 길림 화전에서 운영하던 2년제 군사학교 화성의숙에는 15세 김성주부터 20세 최창걸까지 독립운동가의 자녀들과 독립군 출신 학생들이 주를 이루었다. 그 중심에는 조선국민회 지도자 김형직의 맏아들 김성주가 있었다. 그는 1926년 아버지 친구들의 추천으로 화성의숙에 입학했다.

학생들은 독립군이 되어 조국 독립에 이바지하고자 했지만 화성의숙의 고루한 민족주의 교육에 실망을 느꼈다. 무장투쟁 교범조차 제대로 갖추지 못했고 조선 왕조 중심의 역사 교육은 흥미를 끌지 못했다. 무엇보다 공산주의 서적을 읽는 것만으로 퇴학당할 만큼 화성의숙은 사상적으로 폐쇄적이었다.

이들은 임시정부의 외교 중심 노선이나 제한적인 무장투쟁 만으로는 독립이 어렵다고 판단했다. 몰래 공산주의 서적을 읽으며 러시아의 소비에트 혁명에 관심을 가지기 시작했다.

'독립 후에는 민중이 주인이 되는 나라를 만들어야 하지 않을까?'

'독립만 아니라 그런 나라를 세우려면 무엇이 필요할까?'

'독립을 이루기 위해 누구와 손을 잡아야 할까?'

'공산주의를 실현하려면 어떤 과정을 거쳐야 하는가?'

그들은 토론을 거듭하며 일제도 없고 착취와 억압도 없는 새로운 세계를 그려보며 흥분으로 자리를 뜨지 못했다.

하지만 공산주의 이론은 노동자 중심의 사회주의 혁명에 관해서는 설명했지만 식민지 해방을 위한 구체적인 해법은 제시하지 못했다. 결국 조국 독립은 조선 민중 스스로 해결해야 할 과제였다. 김성주는 이 현실을 직시하며 독립을 위한 새로운 길을 개척하기로 결심했다.

타도제국주의동맹과 새로운 길

1926년 10월 17일, 김성주는 타도제국주의동맹을 결성했다. 그는 기존의 독립운동이 민족주의든 사회주의든 모두 상층 중심, 외세 의존, 파벌 싸움이라는 근본적인 한계를 안고 있다고 비판하며 새로운 혁명의 길을 걷기로 결심했다. 타도제국주의동맹은 다음의 두 가지 강령을 내세웠다.

첫째, 독립은 일부 지도층이 아닌 전체 민중의 힘으로 이루어져야 한다.
둘째, 외세에 의존하지 않고 우리 민중의 힘으로 일제를 타도하고 독립을 달성해야 한다.

타도제국주의동맹의 조직원들은 새로운 혁명의 씨앗을 뿌리기 위해 민중 속으로 들어갔다. 이전의 독립군 운동이 자치 단체를 세우고 교포들에게 세금을 걷어 군대를 운영한 것과 달리 이들은 먼저 뜻을 함께할 동지를 모으는 데 집중했다.

김성주는 화성의숙을 떠나 어머니가 있는 무송으로 가 새날소년동맹과 반일부녀회를 조직했다. 최창걸, 김원우, 계영춘, 이제우 등도 만주로 가 사상을 전파하고 조직을 확대해 나갔다.

길림으로 향한 김성주

1927년 봄, 김성주는 길림으로 향했다. 당시 길림은 조선인 유학생이 많이 모여있는 대도시이자 독립운동의 중심지 중 하나였다. 그해 1월, 김성주는 길림 육문중학교에 입학한 뒤 비밀 독서 모임, 독서 발표회, 토론회, 강연회, 웅변대회 등을 통해 대중을 의식화하는 활동을 시작했다. 4월에는 길림소년회, 5월에는 유길학우회를 결성했고, 8월에는 타도제국주의동맹을 반제청년동맹과 조선공산주의청년동맹으로 조직을 확대 및 개편했다. 반제청년동맹이 대중조직이라면 조선공산주의청년동맹은 이념적으로 선도적인 전위조직이었다.

겨울 방학 동안에는 무송에서 백산청년동맹을 조직하고 연극 〈안중근 이등박문을 쏘다〉, 가무극 〈단심줄〉, 가요 〈조선의 노래〉 등 문예 작품을 창작해 공연했다. 또 각지에 야학을 세우고 카륜의 진명학교와 고유수의 삼광학교를 교육 활동의 거점으로 삼았다.

1928년 봄에는 교하에서 여신청년회의 선진 청년들과 함께 교하 반제청년동맹지부를 조직했고, 길림 주변 신안툰에는 농민동맹을, 8월에는 길림에서 반일노동조합을 결성했다.

실천으로 이어진 사상

　1928년 여름, 타도제국주의동맹은 육문중학교 동맹휴학을 시작으로 첫 실천 투쟁에 나섰다. 김성주와 학생들은 일제의 만주 침략과 제남리 학살을 규탄하는 강연회와 웅변대회를 잇달아 개최했다. 이에 일제에 매수된 학교 관계자들은 이 활동을 공산주의 선전이라고 몰아붙이며 학생들을 퇴학시키려 했다.

　이에 맞서 김성주는 반제청년동맹을 중심으로 동맹휴학을 주도했고 일제에 협력한 교사의 교체와 학생들의 수업권 보장을 요구했다. 진보적인 교사들의 지지를 얻은 덕분에 학생들의 요구는 받아들여졌고 김성주는 첫 투쟁에서 승리를 거두었다.

　타도제국주의동맹 조직원들의 활약은 길림을 넘어 서울과 상하이까지 알려졌고 사람들은 "길림에 새로운 바람이 불고 있다. 독립운동을 하려면 길림으로 가야 한다"고 말했다. 이 바람은 '길림 바람'으로 불리며 널리 퍼져나갔다. 이 소문을 듣고 김성주를 찾아온 청년들 중 차광수와 김혁은 이후 그의 가장 가까운 동지가 되었다. 이 무렵 김성주는 '김일성(金一星)' 또는 '한별'이라는 이름으로도 불렸다.

　김성주와 학생들이 이어서 나선 투쟁은 일제의 길회선 철도 부설 공사 반대운동이었다. 1926년 장개석이 이끄는 국민혁명군이 북벌을 단행하며 중국 통일을 추진하자 일본은 장작림이 탄 남만주 철도 열차를 폭파하며 본격적인 만주 침략에 나섰다.

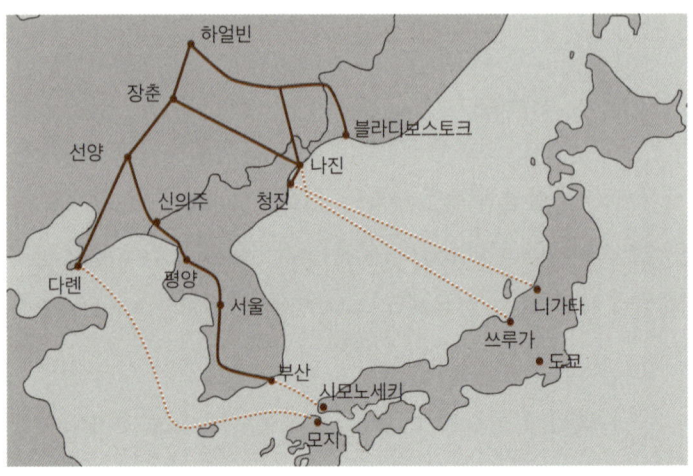

◦ 쓰루가-청진-장춘을 잇는 수송로

 이어 조선 회령과 만주 길림을 잇는 길회선 철도 부설 공사를 서두르기 시작했다. 이는 일본이 만주에 병력과 군수 물자를 신속히 수송하기 위한 전략적 조치였다.
 1928년 10월, 김성주는 길회선 철도 부설에 반대하는 시위를 조직하고 성토문을 발표했다. 시위는 곧 만주 전역으로 확산되었고 김성주는 이를 일본 상품 배척운동으로 확대했다. 그 결과 중국인들은 일본 상점에서 일본 제품을 꺼내 송화강에 던지거나 불태우며 저항에 나섰다.
 1928년 10월부터 11월까지 40여일 동안 계속된 길회선 철도 부설 반대 투쟁과 일본 상품 배척운동은 김성주가 이끈 첫 반일 대중 투쟁이었다.

독립운동의 새로운 이정표, 카룬 회의

세계 공항과 제국주의의 전쟁 준비

제1차 세계대전 이후 세계 경제는 점차 불안정해지다가 1929년부터 1933년까지 전 세계를 뒤흔든 대공황이 발생했다. 주가는 80% 가까이 폭락했고 1만여 개의 은행이 문을 닫았다. 일본은 이 위기를 벗어나기 위해 만주 침략을 본격화하며 경제 전반을 군국주의 체제로 재편했다.

이 과정에서 한반도는 전쟁 수행을 위한 병참 기지로 전락했고 노동자들은 장시간 노동과 저임금에 시달렸다. 산미증식계획이라는 식량 수탈 정책은 농민들을 더욱 궁핍하게 만들었다. 1929년 원산 부두 노동자 총파업, 1930년 부산 방직공장과 신흥 탄광 파업 등 대규모 노동 투쟁이 잇따랐고 이는 종종 폭동으로 번지기도 했다. 농민들 역시 1929년에 423건, 1930년에는 716건의 소작쟁의를 벌이며 저항했다.

같은 해 1월, 함경남도 단천에서는 일본인 산림간수가 아무 죄 없는 농민을 폭행하고 체포하는 사건이 발생했다. 이에 항의하던 농민 40명이 연행되자 분노한 400여 명의 농민이 시내로 몰려가 항의 농성을 벌였다. 소식이 퍼지며 시위대는 수천 명으로 불어났고 결국 경찰이 발포를 시작했다. 농민들은 숨진 동료의 시신을 넘어 돌과 칼을 들고 맞서 싸웠다. 단천 시내의 상점들은 문을 닫고 학생들까지 동맹휴학으로 호응하면서 시위는 걷잡을 수 없이 커졌다.

이 무렵 전국 곳곳에서는 식민지 교육에 반대하는 학생 투쟁도 확산되었다. 1928년 4월부터 이듬해 2월까지 전국적으로 47건의 동맹휴학이 일어났고 참여한 학생 수는 3만 명을 넘었다.

김일성의 사색과 전환

김일성은 1929년 가을 불시 검문에 걸려 1930년 봄까지 길림 감옥에 수감되었다. 눈코 뜰 새 없이 활동하던 그는 감옥에서 차분히 사색할 시간을 가지며 지금까지의 독립운동이 거둔

성과와 한계를 깊이 분석하게 되었다. 그는 민족주의와 공산주의운동 모두에서 두 가지 중대한 결함을 발견했다.

첫째, 두 진영 모두 민중의 힘을 믿지 않았고 민중과 유리되어 있었다. 당시 만주의 독립운동 단체들은 파벌로 나뉘어 다툼을 벌였고 공산주의자들조차도 민중 속으로 들어가지 않은 채 주도권 다툼에만 몰두하고 있었다. 김일성은 "민중을 믿고, 민중 속으로 들어가, 대중에 의거해 싸워야 한다"는 원칙을 세웠다.

둘째, 민족주의와 공산주의 양 진영 모두 외세에 의존해 독립을 이루려는 환상을 버리지 못하고 있었다. 중국, 소련, 미국 등 강대국이 조선을 독립시켜 줄 것이라 기대하는 사람이 많았지만 김일성은 "조선의 독립을 대신 이루어줄 나라는 이 세상에 없다"고 단언했다. 그는 모든 문제를 조선의 현실에 맞게 독자적인 신념과 판단으로 풀어나가야 한다는 결론에 도달했다.

이 두 가지 인식은 훗날 김일성 노선의 출발점이 되었다.

카륜 회의와 조선 혁명의 길

1930년 6월 30일, 장춘 근교 카륜진 자자툰 마을의 진명학교에서 카륜 회의가 열렸다. 이 회의에는 차광수, 김혁, 최창걸 등 반제청년동맹의 간부들이 참석했다. 이 자리에서 김일성은 감옥에서 구상한 민중 주체 자주 노선을 바탕으로 〈조선 혁명의 진로〉를 발표했다. 그가 제시한 핵심 사상은 다음과 같다.

> 첫째, 혁명 투쟁의 주체는 민중이며 민중이 조직되고 동원되어야만 혁명에서 승리할 수 있다.
> 둘째, 제국주의는 결코 스스로 식민지를 포기하지 않으며 식민 통치를 유지하기 위해 극단적인 폭력에 의존한다.
> 셋째, 제국주의 침략 세력은 반드시 혁명적인 무력으로 타도해야 한다.

김일성은 조선 혁명의 기본 과제로 일제를 타도하고 조선을 독립시키는 것, 봉건적 잔재를 청산하고 민주주의를 실현하는 인민정권을 수립하는 것이라고 밝혔다. 그는 이 과제를 반제, 반봉건 민주주의 혁명이라고 규정했다.

이러한 주장은 당시로서는 혁신적인 사고였다. 당시 대부분의 공산주의자는 사회주의 혁명과 소비에트 정권 수립에만 집중하고 있었기 때문이다. 그러나 〈조선 혁명의 진로〉에서 김일성은 자주적 독립을 위해 무장투쟁 노선, 통일전선 노선, 주체적 당 창건 노선을 중심 노선으로 제시했다.

무장투쟁 노선

기존의 고전적인 사회주의 혁명 이론은 정치 투쟁을 중심에 두고 무장봉기는 최후의 수단으로 여겼다. 그러나 김일성은 식민지 해방 투쟁에서 무력이 기본 수단이라며 무장봉기와 총대 중시 노선을 강조했다. 이는 기존 독립군의 무장투쟁 노선과는 본질적으로 달랐다. 김일성의 무장투쟁 노선은 전민항쟁 사상에 기초하고 있었다. 다시 말해 무장투쟁과 함께 민중의 조직화와 정치 활동을 병행해 전체 민중이 하나로 결속된 힘으로 일제를 타도하자는 것이었다.

일제의 탄압이 거세질수록 민중은 가장 앞장서서 싸우는 김일성 부대에 열렬한 지지를 보냈고 그들의 존재는 독립에 대한 희망의 끈을 이어주는 역할을 했다. 김일성 부대는 싸우는 것에 그치지 않고 독립에 대한 신념을 바탕으로 조선 민중을 조직화해 나갔다.

통일전선 노선

공산주의 사회에서는 통일전선을 주장하면 개량주의자로 비판받는 분위기가 있었다. 이는 장개석이 중국 공산당을 이용한 뒤 국공합작을 결렬시킨 경험에서 비롯된 것이었다. 그러나 김일성은 반일 의지를 가진 노동자, 농민은 물론 종교인과 민족 자본가까지 모두 단결해 싸워야 한다고 보았고 이는 1936년 조국광복회 결성으로 구체화되었다.

주체적 당 창건 노선

마지막으로 김일성은 자주적인 당 창건을 주장했다. 사회주의 사상에 바탕을 두고 일제를 몰아내며 민중의 나라를 세우기 위해서는 당의 건설이 필수적이었다. 그는 1927년 조선공산당 해산의 경험을 떠올리며 당 조직을 아래로부터 튼튼히 세워야 한다고 강조했다. 다시 말해 김일성 주변에서부터 당 조직을 만들고 이를 지역별로 확산시키되 당 중앙은 따로 두지 않는 방식이었다.

혁명의 첫 깃발을 올리다

건설동지사

카륜 회의가 끝난 다음 날 김일성과 동지들은 가장 먼저 당 조직을 결성했다. 조선 혁명의 거센 격랑을 뚫고 나아가려는 청년 공산주의자들에게 자신들만의 당을 만들고 결의를 다지는 것은 너무나 자연스러운 일이었다. 하지만 조선공산당 만주 지부라는 이름은 사용할 수 없었다. 1928년 여름, 코민테른 제6차 대회에서 1국 1당 원칙, 즉 한 나라에 하나의 공산당만 허용한다는 방침이 결정되었기 때문이다.

그러나 당이 없다면 조선 혁명은 한 발짝도 나아갈 수 없다고 판단한 김일성은 중국 공산당과의 불필요한 마찰을 피하기 위해 당 조직의 이름을 건설동지사로 정했다. 이 이름에는 "혁명은 동지를 얻는 데서 시작하며 생사를 함께할 동지들을 끊임없이 찾아내고 결속시켜야 한다"는 그의 동지애 철학이 담겨있었다. 같은 해 10월 1일, 김일성은 함경북도 온성군 왕재산 두루봉에서 국내 첫 당 조직을 세웠다.

조선혁명군

무장투쟁을 하려면 군대가 필요했다. 하지만 이들에게는 독립군 출신 몇몇과 화성의숙 졸업생들이 소지한 권총 몇 자루가 전부였다. 이 문제를 해결하기 위해 김일성은 1930년 7월 6일 고유수 삼광학교 운동장에서 조선혁명군을 결성했다. 이 조직은 본격적인 무장투쟁에 앞서 역량과 경험을 기르기 위한 준비 조직이었다. 준비 단계임에도 '군'이라는 명칭을 사용한 것은 실천을 통해 능력을 강화하고 조직을 발전시키겠다는 의지를 담은 것이었다.

우선 단기 강습을 마친 대원들은 여러 지역에 흩어져 전투와 대중 선전 활동을 벌이며 무장을 준비했다. 하지만 조선혁명군이 무장을 갖추기까지는 혹독한 시련이 뒤따랐다. 1년 반가량이 지나 반일인민유격대 창설을 앞둘 무렵 주축 인물인 김혁, 김형권(김일성의 삼촌), 최효일, 공영, 이제우, 박차석 등이 대부분

전사하거나 체포되었다. 1931년 1월에는 중대장 이종락과 김광렬, 장소봉, 박병화가 일본 경찰에 체포되었고 최창걸과 김원우는 행방이 묘연해졌다. 군사 경험을 가진 대원은 거의 없었고 김일성 곁에 남은 조선혁명군 출신은 차광수 한 사람뿐이었다.

한편 민족주의 계열인 국민부 산하의 독립군 조직도 조선혁명군이라는 이름을 사용했기 때문에 김일성이 만든 조직과 혼동해서는 안 된다. 김일성이 같은 명칭을 쓴 이유는 공산주의자라는 사실이 드러날 경우 백색 테러의 대상이 되었기 때문이며 활동의 안전을 위해 신분을 위장할 필요가 있었던 것이다.

오가자 마을

혁명군은 대중의 지지가 없다면 오래 버틸 수 없다. 조선혁명군은 각지로 흩어져 농촌을 혁명화하는 활동에 나섰고 김일성은 1930년 10월 장춘에서 남서쪽으로 200리 떨어진 오가자 마을에 들어갔다. 300여 호의 농가로 이루어진 이 마을에는 농우회, 청년회, 소년학우회 같은 대중조직과 촌공회라는 자치 기구가 있었지만 마을 유지들은 외부의 사상에 배타적이었다. 일본 군경과 중국 군벌의 영향력이 미치지 않는 이 고장을 그들은 이상촌이라 여겼다.

"간도는 공산당 때문에 다 망했다는데 미친 바람이 여기까지

들어오면 우리도 무사하지 못할 걸세."

이처럼 보수적인 분위기를 이끄는 중심인물은 변대우라는 노인이었다. 그는 젊은 시절 독립운동과 러시아 공산주의운동을 경험한 인물로 견문이 넓고 주관이 뚜렷했다. 김일성은 그를 설득하기 위해 직접 만나 이렇게 말했다.

"오가자 마을이 다른 조선인 마을보다 사는 게 나은 건 사실이지만 그렇다고 조선 민족의 꿈이 이루어진 건 아닙니다. 진정한 이상은 왜놈도, 지주도, 자본가도 없는 독립된 조국에서 착취 없이 사는 것입니다. 지금 중국인 지주의 빚에 눌려 사는 게 과연 이상적인 삶입니까? 게다가 왜놈들이 곧 만주로 쳐들어오면 이 마을도 무사하지 못할 겁니다."

변대우는 선뜻 반박하지 못했고 김일성이 말한 사상과 신앙, 재산, 남녀노소를 뛰어넘는 반일 민족 통일전선과 2,000만의 항전으로 나라를 되찾아야 한다는 주장에 감명받았다. 그는 김일성에게 애칭으로 쓰던 '김일성(金一星, 한별)' 대신 '김일성(金日成, 민족의 태양)'이라는 새 이름을 쓸 것을 권했다.

이후 마을 분위기는 급변했다. 청년회는 반제청년동맹으로, 농우회는 농민동맹으로, 소년학우회는 소년탐험대로, 여자교육연합회는 반일부녀회로 개편되었다. 김일성은 조선혁명군 대원들과 유능한 청년들을 선발해 삼성학교 교사로 배치하고 야학을 열어 교육받지 못한 청장년과 부녀자들에게 학습 기회를 제공했다.

또한 그는 혁명 가극 〈꽃 파는 처녀〉 대본을 직접 써서 공연했고 〈적기가〉와 〈혁명가〉 같은 노래를 널리 보급해 민중의 의식을 깨우고 반일 투쟁의 불씨를 지폈다. 그렇게 오가자 마을은 허황된 이상촌에서 실제 혁명적 삶과 투쟁이 살아있는 혁명 기지로 탈바꿈했다. 이곳을 시작으로 조선혁명군의 믿음직한 활동 근거지들이 곳곳에 세워졌다.

동만으로 그리고 추수 투쟁

1931년 봄, 김일성은 오가자를 떠나 동만으로 향하던 중 일본 경찰에 체포되었다. 그러나 육문중학교 이광한 교장의 도움으로 20일 만에 석방되었다. 감옥에서 나온 직후 김일성은 무장투쟁 본격화 방도에 관한 돈화 강습을 열고 수료생들을 간도 각지에 파견했다. 그는 직접 연길, 화룡, 왕청 등지를 돌며 혁명 조직을 지도했고 5월에는 국내로 들어가 종성, 온성에서 활동했다.

한편, 일본의 만주 침략은 초읽기에 들어가고 있었다. 만주가 점령당하면 조선과 만주의 국경은 무의미해지고 조선인은 일제의 보호 밖에서 학살당할 수밖에 없었다. 민중을 일제의 총칼에서부터 지키려면 무장투쟁을 더 이상 미룰 수 없었다. 그러나 연이은 실패로 민중은 위축되어 있었고 이들에게 다시 자신감을 심어주기 위해 김일성은 추수기 소작 투쟁을 조직했다.

우선 농촌마다 투쟁위원회를 만들고 그 산하에 선전대와 규찰대를 두어 유인물과 격문을 인쇄해 배포했다. 추수 투쟁은 지주들에게 소작료 인하를 요구하는 것에서 시작해 점차 고율 소작료 반환 투쟁으로 발전했다.

"일본 제국주의를 타도하자!"
"반동 지주들을 타도하자!"
"소작료는 2:8제 혹은 3:7제, 4:6제로 실시하자!"
"동척금융부와 고리대금업자의 부채를 갚지 말자!"

분노한 군중은 쟁기와 몽둥이를 들고 밀정과 친일 세력을 잡아다가 군중 재판을 통해 처단했다. 농민들의 기세에 압도된 길림성 당국은 소작료를 3:7에서 4:6 수준으로 낮출 수밖에 없었다.

1931년 9월부터 12월 말까지 약 10만 명의 농민이 참여한 추수 투쟁은 간도 전역으로 확산되었다. 이 투쟁의 불길 속에서 무장투쟁의 투사들이 성장했고 혁명 조직이 강화되었으며 민중은 단결된 힘의 위력을 체감할 수 있었다.

3부

항일대전의 서막을 열다

HISTORY OF LIBERATION

민중과 함께 유격전을 시작하다

1931년 9월 18일 밤, 일본 관동군은 심양 인근 철도를 폭파한 뒤 중국군의 소행으로 조작하고 이를 구실로 요녕성과 길림성을 점령하며 만주 사변을 일으켰다. 당시 중국의 군벌 30만 대군은 일본군에 맞서 싸우지 않고 만주를 버린 채 퇴각했다. 이에 따라 중국 사회는 큰 충격과 절망에 빠졌고 일본의 대륙 침략에 대한 공포가 급속히 확산되었다.

만주에서 활동하던 일부 조선인 독립운동가들은 무장투쟁을 포기하고 귀국하거나 중국 관내로 이동했다. 그러나 김일성은 오히려 무장투쟁 준비를 더욱 강화했다. 그는 일제가 전쟁 물자 보급을 위해 조선에 대한 경제적 수탈을 심화시킬 경우 조선 민중의 반일 감정이 더욱 고조될 것이며 중국인들 역시 반일 항전

◦ 만주를 침략하는 일본군

에 나서 조선의 든든한 동맹군이 될 것이라 판단했다. 따라서 지금이야말로 항일 무장투쟁을 시작할 적기라고 보았다. 또한 일제의 침략으로 만주가 사실상 무정부 상태가 된 상황은 무장 대오를 조직할 수 있는 절호의 기회이기도 했다.

반일인민유격대의 탄생

1931년 12월 16일, 연길현 명월구에서 김일성, 차광수, 이광 등 청년 투사 40여 명이 모여 반일인민유격대 창립 준비에 착수했다. 반일인민유격대는 노동자와 농민의 자녀들로 구성된 혁명군대로 조국의 해방과 민중의 자유와 행복을 위해 싸우는 군대였다. 이들은 일제의 무기를 탈취해 무장을 갖추었고 유격전을 통해 해방 지구를 세운 뒤 그 안에 혁명 정부와 학교, 병원, 무기 수리소, 출판소 등을 설치하기로 계획했다. 유격구 주변에는 혁명적인 농촌을 배치해 반(半)유격구를 형성하기로 했다.

동만 각 현에서는 1~20명 규모의 소규모 유격대가 조직되었고, 1932년 3월 초순 안도 소사하에서는 김일성이 직접 지휘하는 18명의 청년 유격대가 결성되었다. 이후 각지에서 유격대 조직이 이어졌다. 눈앞에서 일본군에게 가족을 잃고도 그저 가슴만 치며 울어야 했던 조선의 청년들에게 진짜 총을 들고 왜놈들과 맞서 싸우는 일은 간절한 염원이자 희망이었다.

"돈이 없는데 무기를 어떻게 구합니까?"

사람들이 걱정하자 김일성은 단호한 어조로 답했다.

"적의 무기를 빼앗아 무장하면 적의 힘이 그만큼 약해지고 우리의 전력은 그만큼 강해집니다. 무기를 얻을 원천은 얼마든지 있습니다. 이걸 보고 꿩 먹고 알 먹는다고 하지요."

그러나 그것은 목숨을 걸고 싸우지 않으면 불가능한 일이었다. 남녀노소를 막론하고 민중은 위만군과 경찰의 무기를 빼앗기 위해 결사적으로 나섰다. 동만의 혁명가들과 민중들은 헌병, 위만군, 일본 영사관 직원으로 변장해 무기를 탈취했다. 냇가에서 빨래하던 아낙네들조차 지나가던 군경을 빨랫방망이로 때려 눕히고 무기를 빼앗았다. 어떤 이는 단 한 자루의 총을 얻기 위해 목숨을 내놓기도 했다. 이 같은 무기 획득 투쟁은 전민항쟁의 서막이자 예비 전투였다. 민중은 그 과정에서 자신의 힘이 얼마나 큰지를 자각하게 되었다.

이들은 무기를 자체 제작하기 위해 병기창을 설립하고 권총과 작탄을 만들었다. 화룡현 금곡 신성덕 수리 바위굴에 세운 병기창에서는 폭탄까지 제조했다. 처음에는 단순한 '고추 폭탄'에서 시작했지만 결국에는 살상력이 훨씬 높은 '연길 폭탄' 개발에도 성공했다.

반일인민유격대의 기반 형성

항일 유격투쟁에 대한 민중의 지지는 단순한 응원이나 박수에 머물러서는 안 되었다. 반일인민유격대를 실질적으로 지원하고 생사고락을 함께하겠다는 각오가 필요했다. 그러한 각오를 불러일으키기 위해서는 마을 단위로 농민회, 청년회, 부녀회와 같은 대중조직을 결성하고 모든 주민이 이 조직에 참여하며 혁명 조직이 이를 지도하는 체계를 갖추어야 했다.

김일성을 비롯한 청년 투사들은 농촌을 혁명화하기 위해 여러 마을로 직접 들어갔다. 김일성은 1932년 2월부터 3월까지 푸르허라는 마을에 잠입했다. 이 마을은 안도현과 돈화현을 잇는 길목에 위치한 전략적 요충지로 남만주 전역을 오가려면 반드시 거쳐야 하는 곳이었다. 그만큼 일제의 감시도 삼엄했으며 밀정들이 뿌리 깊게 박혀 있어 낯선 인물이 나타나면 곧바로 체포당하는 경우가 많아 숙련된 혁명가조차 접근하기 쉽지 않았다.

김일성은 머슴으로 위장해 마을에 들어갔다. 새벽이면 주인집 물을 긷고 장작을 패며 마당을 쓸었고 소의 여물을 끓이고 산에 올라 나무를 해오는 등 온갖 허드렛일을 도맡았다. 우물터에서 아낙네들이 얼음을 깨 달라고 부탁하면 흔쾌히 도와주기도 했다. 평범한 머슴처럼 보였던 그는 밀정들의 의심을 사지 않았다.

하지만 시간이 흐르면서 마을 분위기는 달라졌다. 주민들 속에서 혁명 조직이 형성되고 민중의 정치의식이 높아지면서 마을 전체가 하나로 단결하기 시작한 것이다. 김일성은 약 한 달 반 동안의 머슴살이를 통해 중요한 깨달음을 얻었다.

"혁명가는 스며들지 못할 곳이 없다. 지금껏 실패한 것은 군중 속으로 들어가지 않고 겉도는 신사식 혁명 활동에 머물렀기 때문이다."

이 경험은 동만 각지로 확산되었고 농촌 혁명화의 기폭제가 되었다. 두만강 연안의 많은 농촌이 혁명화되자 1932년 봄에는 대규모 춘황 투쟁이 벌어졌다. 처음에는 지주에게 식량을 요구하는 수준이었지만 점차 일제와 친일 지주의 양곡을 몰수하는 투쟁으로 확대되었다. 이 투쟁에는 약 10만 명에 달하는 농민이 참여했고 많은 이가 정치적으로 각성하면서 반일인민유격대의 대중 기반도 더욱 견고해졌다.

중국 구국군과의 갈등과 조중 공동 전선

중국 군벌이 몰락하면서 각지에 구국군이라 불리는 중국의 반일 부대들이 속속 등장했다. 그러나 반일인민유격대의 창건 과정에서 또 하나의 큰 장애물은 조선인이라는 이유만으로 공산주의자로 단정하고 가차 없이 살해하던 구국군의 만행이었다. 당시 일본군은 도시에서의 탄압을 강화했고 농촌과 산간 지역에서는 구국군이 주요 길목을 장악해 조선인 항일 무장대를 통제하고 있었다. 기반이 약했던 반일인민유격대는 이러한 이중의 압박 속에서 생존 자체가 위태로웠다.

이 위기를 타개하기 위한 방안을 논의한 끝에 김일성은 구국군과의 정면충돌을 피하라는 지침을 내렸다. 그리고 1932년 4월 초 그는 안도현에서 활동하던 구국군 대장 우사령을 직접 찾아가 조선과 중국이 반일 공동 전선을 형성해야 할 필요성을 설득했다. 몇 시간에 걸친 열띤 토론 끝에 우사령은 김일성의 제안에 동의했고 반일인민유격대가 우사령 별동대라는 이름으로 활동하는 것을 허용했다. 별동대란 우사령의 지휘 아래 있지만 독자적으로 작전을 펼칠 수 있는 부대를 뜻한다.

이로써 반일인민유격대는 구국군의 방해 없이 활동할 수 있는 공간을 확보하게 되었고 보다 안정적인 항일 무장투쟁을 전개할 수 있는 토대를 마련했다.

반일인민유격대 창건

1932년 4월 25일 아침, 안도현 소사하 토기점골 숲속에서 김일성을 비롯한 유격대원 100여 명이 모여 안도 반일인민유격대를 창건했다. 이는 2년 전 발표한 〈조선 혁명의 진로〉에서 제시한 무장투쟁 노선이 현실로 나타난 역사적인 순간이었다. 이어 5월 1일에는 안도현 송강에서 대규모 열병식이 거행되었다. 반일인민유격대원들은 붉은 깃발을 앞세우고 군중의 열렬한 환영 속에 안도현성에 입성했다.

안도 반일인민유격대 창건 이후 연길, 왕청, 훈춘, 화룡 등지에서도 유격대가 결성되었다. 그러나 김일성이 직접 지휘하는 안도 반일인민유격대는 다른 지역 부대들과 성격이 달랐다. 남만주와 조선 각지에서 모인 청년 혁명가들이 주축을 이루었으며 활동 범위 또한 안도 지역에 국한되지 않고 백두산 지구, 압록강과 두만강 연안 등 국경 일대의 광범위한 지역으로 확장되었다.

이들은 첫 전투의 무대로 위만군 수송대가 자주 지나던 소영자령을 선택했다. 1932년 5월 20일 밤, 보름달이 떠오른 가

◦ 반일인민유격대 창립식

운데 유격대는 소영자령 길목 양편에 매복했다. 수송대가 매복 지점 앞까지 절반가량 진입했을 때 일제히 사격이 시작되었다. 약 10분 동안의 전투는 안도 반일인민유격대의 일방적인 승리로 끝났으며 많은 군수 물자를 노획하는 성과를 거두었다. 훗날 30만 관동군을 뒤흔든 김일성 부대의 첫 전투는 이렇게 소박하게 시작되었다.

한편, 이 무렵 북만주에서는 김책이 주도한 주하 항일유격대, 최용건이 이끈 요하 공농반일유격대가 결성되었고, 남만주에서는 이홍광이 이끄는 반석 공농반일의용군이 조직되었다. 이로써 조선 민족해방운동은 무장투쟁을 주류로 하는 새로운 단계에 접어들고 있었다.

민중의 힘으로 세운
해방 지구

속속 들어서는 유격 근거지

반일인민유격대가 창건된 1932년 만주 각지에서는 유격 근거지를 세우기 위한 투쟁이 본격적으로 전개되었다. 그 시작은 5월 말 안도현 소사하에서였다. 그러나 일본군이 이미 만주 전역을 장악하고 있는 상황에서 유격 근거지를 조성하는 일이 순조로울 리 없었다.

1932년 4월부터 이듬해까지 1년 동안 일제는 연길, 화룡, 왕청, 훈춘 일대에서 무려 281차례에 이르는 대규모 토벌 작전을 감행했다. 추수 투쟁과 춘황 투쟁으로 민중의 저항이 거세게 일던 지역에서 일제는 항일 무장투쟁의 싹을 철저히 제거하려 했던 것이다.

이에 따라 이름 있는 혁명촌은 대부분 학살과 방화로 폐허가 되었고 단 한 개 현에서 1만여 명이 학살당하는 참사가 벌어졌다. 훈춘현 삼한리 일대에서는 1,600여 호의 가옥이 불탔다. 반일인민유격대는 이 와중에도 전투를 벌이며 민중을 보호하고 주민들을 좀 더 안전한 산간 지역으로 대피시켰다. 일부는 공포에 휩싸여 도시로 내려갔지만 대부분의 사람은 오히려 더 깊은 산속으로 들어갔다.

소왕청의 좁은 골짜기에는 1,000여 명이 모여들었고 이렇게 안전지대로 옮겨간 민중은 수만 명에 달했다. 사람들은 송기떡을 먹고 고사리를 캐어 연명하면서도 혁명가를 부르며 "일제 타도!"를 외쳤다.

이러한 과정을 거치며 1932년 봄부터 1933년 초까지 안도현 소사하를 비롯해 왕청현 소왕청·가야허·요영구, 연길현 왕우구·해란구·석인구·삼도만·위자구, 화룡현 어랑촌·우복동, 훈춘현 대황구·연통라자·리수구 등지에 해방 지구 형식의 유격 근거지가 잇따라 건설되었다.

소비에트인가, 민중 정권인가

유격 근거지에서 주민들의 생활을 안정시키고 일제의 토벌에 효과적으로 대응하기 위해서는 근거지 정권의 수립이 꼭 필요했다. 이에 따라 1932년 10월 가야허, 왕우구, 삼도만 등지의 유격 근거지에서는 소비에트 정부 수립이 선포되었다. 이 소비에트 정부는 인민 정부와는 다른 형태로 토지와 모든 재산을 공동 소유로 한다는 점에서 당시 공산주의적 흐름과 맞닿아 있었고 소련의 영향을 받은 공산주의자들에게는 자연스러운 선택이었다. 실제로 당시 동만 지역에는 소비에트 열풍이 강하게 불고 있었다.

그러나 김일성은 왕청 유격 근거지를 방문한 자리에서 소비에트 정부에 대한 민중의 불만이 터져 나오는 현실을 목격하고 사태의 심각성을 절감하게 되었다. 소비에트 정부가 사회주의를 실현한다며 토지는 물론 낫과 호미 같은 농사 도구까지 공동 소유로 전환하자 민중의 반발이 거세졌다. 안부를 묻는 유격대원에게 한 노인은 분노를 터뜨리며 말했다.

"소와 농기구를 가져갈 때까지만 해도 참았네. 그런데 공동 식당을 만든다며 수저까지 걷어가는 걸 보고는 침을 뱉었지. 늙은이가 밥 한 끼 먹으러 자기 집 온돌방을 놔두고 찬 바람 부는 데까지 하루 세 번이나 간다고? 숨차서 못 간다고 했더니 이번엔 봉건을 숙청한다며 군중 대회장에 나오라고 하고 며느리더러 나를 비판하라고 시키더군. 우리 역사 5,000년에 이런 해괴한 일은 처음이네!"

이에 김일성은 1932년 2월 하순 왕청현 소왕청 마촌에서 열린 당 및 공청 지도 간부 회의에서 소비에트 정부 대신 민중 정권을 수립해야 한다고 강력히 주장했다. 이는 중국 공산당의 공식 노선과는 상반된 입장이었기에 갈등이 불가피했지만 김일성은 중국 공산당 동만특위 서기 동장영을 설득하며 점차 자신의 입장을 관철해 나갔다.

그 결과 1933년 3월 18일 가야허 사수평 마을에서 왕청 5구 민중 정부가 수립되었다. 이후 두만강 연안 유격 근거지 곳곳에서는 구 단위, 촌 단위의 민중 정부가 잇따라 수립되었고 이들은 일제와 친일 지주의 토지를 몰수하여 농민들에게 무상으로 분배했다. 또한 목재 채벌장에서는 8시간 노동제와 최저임금제가 실시되었고 무상 교육도 펼쳐졌다. 민중이 직접 주인이 되어 일하고 배우며 살아가는 민중의 새 세상이 서서히 그 모습을 드러내고 있었다.

유격 근거지와 반유격구의 병존

유격 근거지를 창설하는 과정에서 또 하나의 중요한 쟁점은 반유격구 문제였다. 반유격구란 형식적으로는 일제의 통치 아래에 있지만 실제로는 항일 유격대의 영향력이 미치는 지역을 의미한다. 이곳에서는 마을의 촌장과 향장이 모두 혁명화되어 있어 일제의 앞잡이들도 민중의 항일 활동을 제대로 감지하지 못했다.

유격 전쟁의 전선을 넓히기 위해서는 만주 일대 유격 근거지를 중심으로 반유격구를 광범위하게 형성할 필요가 있었다. 반유격구는 유격대를 고립시키려는 일제의 전략을 무력화하는 동시에 적의 통치 구역 안에서도 대중조직을 확대하고 혁명 활동을 전개할 수 있는 중요한 발판이 되었기 때문이다.

그러나 일부 활동가들은 반유격구의 필요성에 대해 무관심하거나 부정적인 태도를 보였다. 그들은 유격 근거지 주변을 적색(해방)구역과 백색(적 통치)구역으로 이분화하고 적색구역으로 들어오는 사람들을 철저히 단속했다. 조금이라도 의심이 가면 밀정으로 간주해 배척했기 때문에 결과적으로 유격 근거지로 유입되려는 민중을 오히려 밀어내는 상황이 벌어졌고 이는 유격 근거지의 고립을 초래할 위험이 있었다.

김일성은 이러한 반대에도 불구하고 1933년 봄부터 라자구, 왕청, 연길, 훈춘, 안도, 화룡은 물론 국내 북부 국경 지대까지 아우르며 반유격구 창설을 적극적으로 추진했다. 그 결과 유격 근거지와 그 주변의 광범위한 지역이 반유격구로 전환되었고 반일인민유격대는 적의 통치 지역 깊숙이 침투해 군중을 혁명화하고 당 조직과 각종 대중조직을 활발히 확대해 나갈 수 있었다.

소왕청 유격 근거지 시절

국내로 확대된 혁명 활동

1933년 3월 11일, 김일성은 반일인민유격대를 이끌고 두만강을 건너 조선 온성에 들어왔다. 그는 온성 왕재산에 올라 지하 혁명 조직 관계자들과 회합을 갖고 무장투쟁을 국내로 확대하려면 두만강 연안에 반유격구를 다수 창설해야 한다고 강조했다. 이를 위해 그는 유격대가 국경 지대에서 전투를 벌이는 동안 국내의 지하 조직이 민중을 조직하고 정치적으로 각성시켜야 한다는 구체적인 방안을 제시했다. 이 회합은 이후 왕재산 회의로 불리게 되었다.

3월 하순에는 경원군 유다섬에서 국내 활동가들과 작전 계획을 협의했으며 4월 초에는 두만강을 사이에 두고 온성과 마주한 일제의 군사 요충지인 양수천자를 기습했다. 이어 5월 하순에는 종성군 신흥촌에서, 8월에는 경원군 박석골에서 정치 강습을 열고 전단을 배포했으며, 국경 일대에서 활발한 전투를 전개했다.

1933년에만 해도 회령 성북리 전투, 경원 용당나루 전투, 종성군 운암동 전투 등이 이어졌고 1934년에도 경원군 웅기 주재소와 온성군 장덕나루 주재소 습격 등 공격이 계속되었다.

동녕현성 전투와 조중 연합

유격 근거지에서 시행되던 소비에트 시책에 대한 소문이 퍼지면서 구국군의 불신이 커지고 반일인민유격대에 대한 횡포도 심해졌다. 그러자 여전히 좌경적 사고에서 벗어나지 못한 유격대 책임자들은 "두령을 죽이고 유격대로 오라!"고 외치며 병사들을 회유하려 했다. 그러나 이런 방식은 구국군 내부를 이간질해 항일 투쟁을 약화시키고 중국인들 사이에서 조선인에 대한 편견만 키우는 결과를 낳았다.

일제는 이러한 상황을 이용해 '조선 사람이 만주를 빼앗으려 한다', '공산당이 구국군을 무장 해제하려 한다'는 등의 유언비어를 퍼뜨려 양측을 이간질했다. 심지어 노흑산 일대의 악명 높은 토비대장 동산호를 매수해 1933년 4월 반일인민유격대 이광

부대 전원을 학살하기도 했다.

구국군과의 관계를 회복하려는 노력은 다시 독립운동의 중요성이 대두되면서 본격화되었다. 김일성은 1933년 6월 하순 라자구 태평구에 도착한 뒤 성명을 발표하고 구국군의 실권자인 오의성에게 회담을 제안하는 서한을 보냈다. 공산주의자에 대한 적대감이 심한 상황이었지만 김일성은 붉은 깃발을 앞세우고 나팔을 불며 당당히 시내로 입성했다. 오의성과의 담화에서 김일성은 중국인 지주의 토지를 몰수한 것이 잘못이었다고 인정했고 이에 오의성은 김일성을 '양반 공산당'이라며 높이 평가했다.

회담의 결과로 두 부대는 반일부대연합 판사처라는 공동 기구를 구성하기로 했다. 김일성은 이에 그치지 않고 곧바로 구국군에게 일본군이 점령한 동녕현성을 탈환하자고 제안했다. 동녕현성은 소련과 만주의 국경에 위치한 전략 요충지로 관동군과 위만군이 주둔하고 있었다. 그는 반일인민유격대의 전투력과 구국군의 병력을 결합하면 승산이 있다고 보았다.

9월 초, 김일성은 왕청과 훈춘에서 각 1개 중대를 소집해 동녕현성 공격 준비를 마쳤다. 당시 중국군 별동대 소속의 조선인 지휘관 지청천은 승산을 30% 정도로 보며 부정적인 입장이었다.

1933년 9월 6일 밤 9시, 반일인민유격대 2개 중대와 구국군 등 총 1,000명으로 구성된 연합 부대는 동녕현성을 기습했다. 핵심 목표는 서문 외곽의 서산 포대였다. 이 포대는 관동군 본대와 지하 통로로 연결되어 있어 적의 병력이 계속 보충될 수 있는 곳이었다. 선발대는 서산 포대를 향해 집중 사격을 퍼부었고 김일성은 시내에 진입한 부대에 병영 포위 및 봉쇄를 지시했으며 다른 부대는 북쪽을 우회해 적의 주력을 분산시켰다.

다음 날 새벽, 일본군은 북문으로 도주했고 위만군 부대장은 조중 연합군의 제안에 긍정적인 의향을 표명했다. 그러나 일부 중국 반일 부대가 위만군 지역의 상점과 민가를 약탈하는 일이 발생하자 위만군이 격분해 다시 연합군을 공격했고 이에 따라 구국군 일부는 혼란에 빠져 후퇴했다. 이에 김일성 부대는 치열한 시가전을 전개하며 반격했고 구국군도 전열을 재정비해 병기고를 점령하고 군수품을 노획했다.

전투 목표가 대부분 달성되었다고 판단한 김일성은 9월 7일 낮 철수를 명령했다. 유격대는 중상을 입은 구국군의 사충항 여단장을 구조하고 퇴각을 엄호하며 시내를 빠져나왔다. 이 전투에서 조중 연합군은 500여 명의 적을 사살하고 많은 군수 물자를 노획했다. 그러나 더 큰 성과는 구국군이 반일인민유격대를 신뢰하게 되었다는 점이었다.

목숨을 구한 사충항은 김일성과 유격대에 대해 이렇게 말했다.
"1933년 9월 7일은 내가 두 번째 생명을 얻은 날이다. 김일성 사령은 내 생명의 은인이며 반일인민유격대는 구국군의 가장 소중한 형제들이다."

그의 이 발언은 만주 전역에 퍼져나가 반일인민유격대가 희생정신과 동지적 의리를 지닌 부대라는 평판을 얻게 되었다. 김일성은 이후에도 1934년 6월 라자구 전투를 비롯해 여러 대규모 작전을 통해 조중 연합 전선의 위력을 이어갔다.

소왕청을 지킨 민중의 항쟁

1933년 일본군은 소왕청 유격 근거지를 완전히 초토화하기 위해 5,000명의 병력과 비행대를 동원했다. 이에 맞선 반일인민유격대는 고작 2개 중대, 300명에 불과했다. 승산 없는 싸움처럼 보였고 유격 근거지를 지켜내는 일은 불가능해 보였다. 마을 사람들은 오직 반일인민유격대만 바라보고 있었지만 김일성도 뾰족한 대책이 떠오르지 않았다.

그날 밤 김일성은 이치백 노인의 집에서 묵으며 고민을 털어놓았다.

"적은 수천 명이 되는데 소왕청을 지키는 군대는 백분의 일도 되지 않습니다!"

그러자 이치백 노인은 이렇게 말했다.

"군사가 부족하면 나도 대장의 부하가 되겠네. 이 동네엔 나처럼 총질할 줄 아는 늙은이들이 한둘이 아닐세. 총만 한 자루씩 있으면 악착같이 싸울 걸세. 근처에 독립군들이 묻어둔 총과 탄약이 있는데 그걸 찾아내기만 하면 독립군 출신 노인들은 물론이고 우리 사위 중권이처럼 청년들도 무장시킬 수 있지 않겠나. 모두 싸움꾼이 되어서 너 죽고 나 죽고 한판 해보자는 거지! 총이 없으면 놈들 멱살을 잡고 배때기를 갈라서라도 이 근거지는 지켜야 할 것 아닌가!"

이 말을 들은 김일성은 전 민중이 참여하는 항쟁만이 난국을 타개할 길이라는 깨달음을 얻었다. 민중이 싸우기로 결심하면 싸움은 시작된 것이고 민중이 이기겠다고 나서면 승리는 가능한 것이다.

'전쟁의 승패는 민중의 의지에 달려있다!'

그해 10월, 김일성의 호소에 응답한 소왕청 주민들은 각자의 방식으로 항전에 나섰다. 독립군 출신 노인들은 묻어둔 무기를 꺼내 다시 무장했고 청장년은 방어 진지를 구축하고 전투에 뛰어들었다. 여성들은 물자와 탄약을 운반했고 아이들은 도로에 못을 박고 장애물을 설치하는 등 마을 전체가 유격구 방어전에 참여했다.

전투는 소왕청 입구 뽀족산과 마반산 일대에서 시작되었다. 반일인민유격대는 일본군을 가까이 유인한 뒤 집중 사격, 작탄 공격, 돌 세례를 퍼부으며 기만전술로 혼란에 빠뜨렸다. 특히 불무더기 작탄전은 퇴각하는 척하며 불더미 아래 작탄을 숨긴 뒤 적이 그 불에 모였을 때 폭발시키는 전술로 병력 열세를 극복한 대표적 사례였다.

하지만 전투가 장기화되면서 탄약과 식량이 부족해졌고 방어전만으로는 버틸 수 없는 상황에 이르렀다. 이에 김일성은 전선을 일부 병력에 맡기고 나머지 부대를 이끌고 적의 후방을 타격하는 종심 작전을 단행했다. 이들은 포위망을 돌파해 양수천자, 북봉오동 경찰서를 습격하고 식량이 있던 대두천 군수 창고를 불태우는 등 일본군의 배후를 교란했다. 식량까지 바닥난 일본군은 결국 소왕청 포위를 풀고 퇴각할 수밖에 없었다.

이 전투는 단순한 방어전이 아니었다. 조선 민중 전체가 능동적으로 참여한 항일 투쟁이었다. 유격구를 사수함으로써 주변 지역의 위기를 막아낸 것은 물론 항일 투쟁 전반의 사기를 크게 끌어 올리는 데 기여한 전투였다.

어린이 항일 영웅 김금순

일제에 맞서 싸우며 살아야 했던 유격 근거지의 부모들은 자녀를 돌볼 여유조차 없었다. 아이들은 아동단에서 선생님의 지도 아래 공부하고 대피 훈련을 받으며 유희대 활동도 병행했다. 일제의 침탈에 대비해야 했던 아이들의 배낭에는 늘 미숫가루 같은 비상식량이 들어있었고 망을 보거나 연락병 역할을 하며 제 몫을 다해냈다. 항일 투쟁의 불길 속에서 수많은 어린 영웅이 태어났고 그중 한 명이 아홉 살의 아동 단원 '김금순'이었다.

혁명가의 딸이었던 금순이는 1933년 소왕청 마촌으로 들어왔다. 나이에 비해 체구가 작았던 금순이가 유희대의 맨 앞에서 배낭을 메고 걷는 모습을 보면 누구나 웃음을 터뜨렸다. 왕청 사람들은 까만 눈동자를 가진 금순이를 '깜장 금순이'라 불렀고 작고 귀여운 콩새 같다고 해서 '마촌 콩새'라는 별명도 붙여주었다.

그러던 어느 날, 금순이는 부모가 적에게 희생되었다는 소식을 듣고 기절할 만큼 울었다. 김일성은 그런 금순이를 다정하게 달래며 말했다.

"금순아, 네가 슬픔에 무너져 주저앉는다면 원수들은 너까지 없애버릴 것이다. 지금 왜놈들은 간도 땅에서 조선 사람들을 모조리 없애려 하고 있다. 하지만 우리가 그렇게 쉽게 목숨을 내줄 수 있겠느냐? 너는 훌륭한 혁명가가 되어 그 원수를 천 배, 백 배로 갚아야 한다."

그날 이후 금순이는 말수가 줄었고 예전처럼 잘 웃지 않았다. 대신 전보다 더 열심히 아동단 활동에 매진했다. 1934년 여름, 왕청 아동 유희단은 북만주 일대로 공연을 떠났다. 아이들은 비가 내리면 솔가지나 자작나무 껍질로 몸을 가렸고 야전 밥통으로 끼니를 때우며 노숙과 행군을 이어갔다.

북만주에서의 첫 공연은 금순이의 연설로 시작되었다. 150명에 달하는 구국군 장병들은 어린 소녀의 연설에 깊이 감동했다.

"밤톨만 한 처녀애가 어쩌면 저렇게 말을 잘할까! 저 아이를 생각해서라도 항일을 잘해야겠다."

◦ 김금순 조선화   ◦ 왕청 동광진에 설치된 김금순 석상

그해 가을, 금순이의 어머니가 살아있다는 풍문이 들려왔다. 소식을 듣고 기뻐하는 금순이에게 유격구 지휘부는 모녀 상봉을 추진하려 했지만 금순이는 정중히 사양했다.

"저만 그런 특별한 혜택을 받을 수는 없어요."

같은 해 가을, 요영구의 혁명 조직은 적구에 극비 문건을 전달하는 임무를 금순이에게 맡겼다. 물론 어머니를 만나게 하려는 배려도 있었다. 금순이가 출발하던 날 아동단 선생님은 도토리알 세 개를 핀으로 꿰어 금순이 머리에 꽂아주었고 동무들은 동구 밖까지 나와 배웅했다.

임무를 마치고 어머니가 있는 곳으로 향하던 중 금순이는 어른들과 함께 일본 헌병대에 체포되었다. 일본군은 그녀가 김일성 사령부가 있는 요영구 출신임을 알고 쾌재를 부르며 정보를 캐내려 했다. 하지만 금순이는 살점이 떨어지는 고문을 당하면서도 입을 열지 않았다. 온몸이 피투성이가 된 채 사형장으로 끌려갈 때 사람들은 눈물을 흘렸다.

금순이는 자신을 불쌍히 여기는 부모와 오빠를 향해 마지막 외침을 남겼다.

"아버지, 어머니, 왜 우세요? 울지 마세요. 혁명군 아저씨들이 반드시 원수를 갚아줄 거예요. 조국이 해방되는 날까지 꿋꿋이 싸워주세요!"

코민테른 계열 잡지와 중국 및 일본의 출판물들은 금순이의 이야기를 앞다투어 보도했다. '어린 열녀의 약전'이라는 제목으로 소개된 금순이의 삶은 세계 피압박 민족해방투쟁사에서도 찾아보기 어려운 위대한 어린 영웅의 탄생으로 평가받았다.

무장투쟁의 도약과
조선 공산주의 정당성 확보

반일인민유격대에서 조선인민혁명군으로

1932년 500여 명으로 출발한 반일인민유격대는 2년 만에 2,500여 명 규모로 성장하여 일본군과 대규모 전투를 벌일 수 있는 수준에 이르렀다. 그러나 일제의 토벌이 순차적으로 특정 유격 근거지에 집중되면서 개별 근거지들이 단독으로 대응하는 데에는 한계가 있었다. 이제는 각 지역 유격대가 독자적으로 활동하는 단계를 넘어 지휘 체계를 통합하고 다양한 전술을 유기적으로 구사해야 할 시점이었다.

1934년 3월, 반일인민유격대는 조선인민혁명군으로 개편되었다. 이는 단순한 명칭 변경이 아니라 군사 조직을 정규화하는 조치였다. 새로 개편된 조선인민혁명군은 사단, 연대, 중대, 소대, 분대로 편제되었고 중대가 핵심 전투 단위로 설정되었다. 조직은 크게 2개 사단과 1개 독립 연대로 구성되었으며 향후 무력을 더욱 확대할 계획이었다. 제1사단은 연길과 화룡 지역의 연대들로, 제2사단은 왕청과 훈춘 지역의 연대들로 편성되었고, 각 연대는 3개 중대와 1개 기관총 소대로 이루어졌다.

조선인민혁명군은 중국 공산주의자들과 공동으로 항일 투쟁을 벌일 때는 동북인민혁명군이라는 명칭을 사용했다. 이는 주된 전장이 중국 동북 지역이었기 때문이다. 1934년 5월 31일, 왕청현 다홍왜에서는 김일성을 중심으로 조선인민혁명군 당 위원회가 결성되었고 이 조직은 조선 민족해방혁명의 참모부 역할을 담당했다.

위공 작전과 유격전의 확대

1933년 겨울, 유격대와의 전투에서 참패한 일본군은 1934년 봄부터 위공 작전을 실행에 옮겼다. 위공 작전이란 유격구를 완전히 포위한 뒤 주민과 부대를 굶기고 얼리고 불태워 말살하려는 극단적인 방식의 전면 봉쇄 작전이었다. 유격구 인근 마을은 집단 부락으로 강제 이전되어 철저한 감시 체계 아래 놓였으며 십가연좌법과 오가작통법 등이 시행되었다. 또한 관동군을 포함한 대규모 병력이 추가 투입되어 유격구를 압박했다.

이에 맞서 조선인민혁명군은 유격구 외곽의 적 후방을 기습하는 적극적인 전술로 대응했다. 소백초구, 대두천, 석두하자 등지에 설치된 집단 부락 건설장을 습격하고 훈춘, 연길, 화룡 일대에서도 연속적인 공격을 감행했다. 이러한 전술은 유격대의 활동 반경을 넓히는 데 기여하여 안도현 서북부와 왕청현 동북부까지 유격구를 확장할 수 있게 했다.

제1차 북만 원정

1934년 8월, 중국 공산당 북만 책임자 주보중의 요청에 따라 김일성은 10월 하순 약 170명의 북만 원정대를 이끌고 노야령을 넘어 북만 지역으로 진입했다. 눈보라를 뚫고 여러 전투를 거쳐 도착한 그곳에서 그는 주보중과 만나 민심을 얻기 위한 두 가지 원칙을 조언했다. 이는 김일성 부대가 일관되게 견지해 온 항일 투쟁 기본 원칙이기도 했다.

"민중 속으로 들어가라!"

"총소리를 크게 울려라!"

1934년 11월, 경박호 부근에서 조선인민혁명군 원정대와 북만 반일인민유격대는 일본군 200여 명을 섬멸하고 무기를 노획했다. 이후 석두하, 방신구, 신안진 등지에서도 연전연승을 거두며 침체돼 있던 북만 항일 부대를 다시 일으켜 세우는 데 성공했다. 그 결과 동북인민혁명군 제5군이 창설되었다.

초기에는 북만 주민들의 반응이 냉담했지만 김일성은 "혁명군이 먼저 정을 보여야 한다"며 마을에 들어가 하모니카 중주단의 공연을 열었다. 중주단은 〈아동가〉, 〈어디까지 왔니?〉, 〈아리랑〉 등을 연주하며 주민들의 관심을 끌었다.

"고려 홍군이 춤춘다!"

아이들의 외침을 들은 마을 사람들이 하나둘 모여들었다. 〈아리랑〉을 연주할 때는 주민들이 중주단을 에워싸고 감회에 젖기도 했다. 중주단의 호소에 사람들의 마음도 점차 열리기 시작했다.

이러한 문화 선전 활동은 민심을 얻는 데 큰 효과를 발휘했고 북만 지역에는 당 조직과 공청단, 반일부녀회, 아동단 등이 빠르게 결성되었다. 1935년 2월, 귀환한 김일성 부대는 천교령 전투와 당수하자 전투에서 승리를 거두며 일제의 위공 작전을 본격적으로 격파해 나갔다.

민생단 사건

1930년대 중반, 조선인 혁명가 2,000여 명이 민생단이라는 죄목으로 희생되는 비극이 벌어졌다. 이는 일제가 유격대를 와

해시키기 위해 조선인에 대한 불신을 조장한 모략에 중국 공산당 간부들이 휘말리면서 발생한 참사였다.

1931년 당시 중국 공산당 만주성위 소속 전체 당원은 1,190명이었으며 이 중 동만 지역의 당원은 636명, 남만 200명, 북만 244명이었다. 이 가운데 동만의 618명, 남만의 193명, 북만 전원인 244명이 조선인이었지만 주요 간부직은 대부분 중국인이 차지하고 있었다. 이와 같은 민족 구성의 불균형에 주목한 일제는 악의적인 유언비어를 퍼뜨리기 시작했다.

"조선 사람이 만주에서 피를 흘리는 것은 조선 독립과 아무런 상관이 없다. 도대체 무엇을 위해 목숨을 걸고 싸우는가?"

이러한 선동이 퍼지자 일부 중국인 간부들은 조선인 혁명가들을 일제의 간첩으로 의심하기 시작했다. 결국 1932년부터 1935년 사이 무고한 조선인 수천 명이 민생단 혐의로 처형당했다.

특히 김일성이 북만 원정에 나서 있던 동안 왕청 지역에서는 대규모 숙청이 자행되었고 유격 근거지의 민중들은 이에 환멸을 느끼며 하나둘 떠나기 시작했다.

민족해방투쟁의 정당성 확보를 위한 다홍왜 회의

그 무렵 중국 공산당 만주성위는 "반민생단 투쟁을 강력히 전개하여 당내 반혁명 분자를 철저히 제거하라"는 비밀 지령을 내렸다. 이에 따라 파견된 종자운은 동만 지역을 순시한 뒤 "동만 조선인의 70%가 민생단"이라는 보고서를 제출했다. 이 보고를 받은 만주성위는 충격을 감추지 못했다.

"그 수치가 사실이라면 실제 공산주의자는 과연 몇 명이나 된단 말인가?"

만주성위는 직접 진상을 확인하고 대책을 마련하지 않을 수 없었다.

이 무렵 북만 원정을 마치고 돌아온 김일성은 왕청 유격 근거지에서 벌어지고 있던 반민생단 투쟁의 실태를 보고 큰 충격을 받았다. 그는 이 문제가 단순한 논쟁으로 해결될 사안이 아니며 반드시 당의 공식 회의를 통해 원칙적으로 다루어야 한다고 판단했다. 그의 요청에 따라 1935년 2월 24일 왕청현 다홍왜에서 공식 회의가 열렸다.

이 회의에는 만주성위 파견원 위증민, 주수동, 조아범 등 동만 지역의 주요 당 간부가 대거 참석했다. 중국 측 간부들은 회의에서 이렇게 주장했다.

"동만 조선인의 대부분이 민생단이며 조선인은 당 간부가 될 수 없다. 조선 독립이라는 구호 자체가 반동적이다."

종자운은 한술 더 떠서 말했다.

"조선 혁명가의 80~90%가 민생단이고 유격 근거지는 민생단 양성소에 불과하다."

놀라운 것은 회의장 분위기였다. 대부분의 중국 공산당 간부가 이 주장에 동조하는 기류였다. 조용히 말을 듣고 있던 김일성은 조목조목 반박에 나섰다.

"동만에서 활동하는 조선 혁명가 대부분이 민생단이라면 지금 이 자리에 있는 나와 조선 동지들 또한 민생단이란 말인데 왜 우리를 감옥에 가두거나 처형하지 않고 이 자리에 불러 정치적 토론을 하고 있는가? 동무들이 말한 숫자에는 일제와의 전투에서 장렬히 전사한 동지들도 포함되어 있다면 그들의 희생을 어떻게 설명할 수 있겠는가?"

회의장은 일순 조용해졌다. 김일성은 말을 이어갔다.

"어떤 물질이든지 구성 성분 중 80~90%가 다른 성분으로 바뀌면 그것은 다른 물질이 된다. 이는 과학이다. 그런데 동만 조선인의 70%가 민생단이라니 그들이 자기 상전인 일제를 상대로 목숨을 걸고 싸우고 있다는 것이 말이 되는가? 조선 혁명가 중 8~9%만이 민생단이라고 해도 이 회의는 열릴 수 없을 것이다. 왜냐하면 지금 회의장을 경호하는 제1중대는 모두 조선 동지들로 구성된 무장 부대이기 때문이다. 동만 조선인을 무작정 민생단으로 낙인찍는 것은 조선인 전체에 대한 모욕이며 이 회의에서 즉각 시정되어야 한다."

그러자 중국 간부 조아범이 벌떡 일어나 외쳤다.

"감옥에 갇힌 수백 명의 혐의자가 민생단 가입 사실을 자백했는데 그 증거들을 부정하겠다는 말인가?"

김일성은 단호히 맞섰다.

"당신들이 말하는 자백서는 대부분 고문에 의한 강요로 받아 낸 것들이기 때문에 우리는 인정할 수 없다. 당신들은 지금 민생단을 만들어내고 있는 것이다."

조아범이 계속 부정하자 김일성은 주먹으로 바닥을 내리치며 소리쳤다.

"간도의 조선 사람들은 지금 당신을 주시하고 있다! 안도 유격대 정치위원 김정룡은 누구에게 죽었는가? 화룡현당 서기 김일환은 누구 손에 죽었는가? 그는 당신의 혁명 선배가 아닌가? 구하지는 못할망정 어찌 죽일 수 있단 말인가! 인간의 생명을 걸고 도박하지 말라. 인간을 인간답게, 동지를 동지답게, 민중을 민중답게 대하라! 우리는 인간애와 동지애, 민중애의 무기를 들고 세상을 바꾸려는 투사들 아닌가!"

그는 간부 선발이 중국인 위주로 이루어지고 있다는 점도 비판했다.

"조중 인민의 전투적 단결과 반일 공동 투쟁을 위해서는 간부 선발 기준이 민족이 아니라 혁명에 대한 충실성과 능력이어야 한다. 조선인은 동만에서 공산주의운동을 개척한 선구자들이다. 현재 동만 간부와 당원의 대부분도 조선인이다. 소수든 다수든 간부 자격이 있다면 누구든 간부가 되어야 한다. 많은 조선인 간부가 민족적 이유로 자리를 내놓았는데 아직도 더 제거하겠다는 것인가? 지금처럼 조선인을 배척하고 학대하는 태도가 계속된다면 우리는 이런 곁방살이를 더는 견디지 않을 것이다!"

'조선의 민족 해방'이라는 구호도 논쟁의 대상이었다. 중국 간부들은 조선 혁명가들이 중국 땅에서 조선 독립을 주장하는 것은 반동적이라고 몰아붙였다. 이에 김일성은 강하게 반박했다.

"조선 공산주의자들이 남의 땅에 있다고 해서 자기 조국을 해방하고 민중의 자유와 행복을 위해 싸울 권리마저 포기해야 하는가? 공산주의자는 남이 도와주기만을 기다리는 존재가 아니라 자기 힘으로 자기 나라의 혁명을 이루기 위해 투쟁하는 사람이다. 조선 공산주의자의 조국 해방 투쟁은 누구도 막을 수 없고 대신할 수도 없는 신성한 권리이자 의무다."

다훙왜 회의에서 시작된 논쟁은 그해 3월 요영구 회의에서도 이어졌다. 회의 참석자 대부분은 오류를 시인했지만 완전한 의견 일치는 이루어지지 않았다. 결국 논쟁의 핵심은 코민테른에 제소하기로 하고 위증민과 윤병도를 모스크바로 보내기로 결정되었다.

더 넓은 전선을 향하여

유격구 해산

1935년 3월, 김일성은 기존 유격 근거지를 해산하고 광범위한 지역에서 새로운 형태의 투쟁을 전개할 계획을 세웠다. 피와 눈물로 지켜온 유격 근거지를 스스로 포기한다는 결심에 주변 사람들은 의아함을 감추지 못했다.

1933년부터 1934년까지 두만강 연안에 형성된 해방구 형태의 유격 근거지는 항일 무장투쟁의 요람이었다. 유격대와 민중은 이 공간에서 함께 성장했고 수십 명에 불과하던 부대는 3,000여 명 규모의 조선인민혁명군으로 발전했다. 이곳은 단순한 은신처가 아니라 혁명의 학교이자 민중의 보루였다.

김일성이 해산을 결심한 배경에는 급박한 정세 변화가 있었다. 일본군은 대규모 병력을 동원해 유격구를 포위하고 그 안의 모든 생명체를 소탕하려는 작전을 감행하고 있었다. 조선인민혁명군은 중대한 기로에 놓여있었다.

"지키기만 하다 고립될 것인가, 포위를 뚫고 더 넓은 지대에서 기동전을 전개할 것인가?"

유격 근거지를 고수하면 피동에 빠지고 장기간 육성한 혁명역량마저 소모될 위험이 컸다. 김일성은 유격 근거지를 정리하고 활동 범위를 간도 5개 현에서 북만주 일대로 넓히면 유격구 봉쇄에만 집착하던 일본군이 전략적 혼란에 빠질 것이라고 판단했다. 하지만 주민들은 이 결정을 쉽게 받아들이지 못했다. "주민 보호책임을 회피하려는 조처"라는 소문이 돌았고 조선인민혁명군이 지쳐서 중국 관내나 소련으로 피신하려 한다는 말까지 퍼졌다. 주민들은 김일성에게 읍소했다.

"어떻게 적구에 내려가 왜놈들에게 시달리며 살겠소. 죽더라도 유격 근거지에서 죽을 테니 우리를 보내지 마시오."

1935년 4월 중순, 조선인민혁명군은 요영구에서 군민연환대회를 열어 유격구 해산의 불가피성과 정당성을 설명하고 주민들을 직접 찾아다니며 설득했다. 결국 주민들은 해산의 취지를 이해하게 되었고 조선인민혁명군과 함께 싸우겠다고 결심하는 이들이 늘어나면서 유격부대도 빠르게 확대되었다.

조선인민혁명군은 주민들을 위해 호구 조사표를 작성해 만주의 다른 지역으로 갈 사람, 국내로 갈 사람, 산속에 남을 사람을 분류했다. 의지할 곳 없는 환자는 무장 소조가 호위하며 안전하게 이동할 수 있도록 도왔고 식량과 물자, 경비도 충분히 마련해 주었다. 1935년 5월 시작된 유격 근거지 해산은 그해 11월 초 처창즈 유격 근거지를 마지막으로 완료되었다.

제2차 북만 원정

유격 근거지를 해산한 뒤 조선인민혁명군은 활동 범위를 더욱 넓혀나갔다. 김일성이 직접 이끈 부대는 제2차 북만 원정에 나섰는데 이는 중국 항일 부대 지휘관 주보중과의 공동 투쟁을 강화하기 위한 목적이었다. 제1차 북만 원정 당시에는 눈 덮인 노야령 설산을 넘어야 했지만 제2차 원정은 한여름의 뙤약볕과 극성스러운 모기떼 속에서 진행되었다.

1935년 7월 하순, 김일성 부대는 북만의 영안현 산동툰에 도착했다. 이곳에서 북만의 동지들과 회의를 진행하던 중 수백 명의 위만군과 기마대가 기습 공격을 감행했다. 이것이 영안에서 벌어진 첫 전투였다. 조선인민혁명군은 이 전투에서 기세 좋게 승리했고 위만군은 성 밖으로 나와 보지도 못한 채 식량, 기름, 신발을 내주며 굴욕적인 패배를 당했다.

이어 8월 하순의 액목 전투에서도 김일성 부대는 연전연승을 이어갔다. 적군은 완전히 사기가 꺾여 갖은 추태를 벌였다. 이와 관련된 에피소드는 〈관희극〉과 〈활극〉이라는 이야기로 생생하게 전해진다. 〈관희극〉은 청구자 전투에서 가까스로 살아남은 두 일본군이 숨을 곳을 찾다가 한 농가 마당의 관을 발견하고 서로 먼저 들어가 숨겠다고 다툰 일화를 담고 있다. 〈활극〉은 관지 전투에서 일본군 기관총수가 정신착란을 일으켜 "공산군이다!"라고 외치며 기관총을 난사해 자기편을 죽이고, 다른 병사는 옷을 벗어 던진 채 "공산군, 공산군!"을 외치며 대낮까지 거리를 헤매는 장면을 그리고 있다.

액목 지역은 과거 중국 군벌이 공산주의자들을 극심하게 탄압했던 곳으로 주민들 사이에는 유격대를 피해야 살아남는다는 인식이 깊게 자리 잡고 있었다. 항일 유격대가 나타나자 사람들은 집 안에 틀어박혀 좀처럼 모습을 드러내지 않았다.

이때 김일성은 소학교 마당에 풍금을 설치하고 중국 민요인 〈소무가〉와 〈양귀비의 노래〉를 직접 연주하며 노래를 불렀다. 낯선 노랫소리에 호기심을 느낀 아이들이 모습을 드러냈고 아이들을 따라 교사들과 마을 어른들도 하나둘 마당으로 모여들었다. 김일성은 유창한 중국어로 조선과 중국 민중이 함께 항일 투쟁에 나서야 한다고 호소했다. 마을 사람들은 비로소 마음의 문을 열었고 "고려 홍군은 진정한 애국 군대이며 참 멋진 부대"라며 찬사를 아끼지 않았다. 이후 공청, 반일부녀회, 아동단 등 혁명 조직에도 적극적으로 참여하기 시작했다.

4부

조선인민혁명군, 독립운동의 주체로 서다

HISTORY OF LIBERATION

조선 혁명의 분수령

전민항쟁을 위한 결단

1936년 2월, 김일성은 북만 원정을 마치고 영안에 있는 경박호 부근 남호두로 향했다. 그의 마음속에는 민족해방투쟁을 위한 새로운 전략과 결심이 무르익고 있었다. 이는 국제 정세가 독립운동에 유리하게 바뀌었기 때문이었을까? 실상은 그 반대였다.

1933년 히틀러가 독일을 장악한 이후 세계는 파시즘의 광풍에 휘말렸고 일본은 조선에 대한 억압과 수탈을 한층 강화했다. 민족 말살 정책이 본격화되자 한때 애국을 외치던 이들 중 다수가 마지막 양심마저 저버린 채 동조동근론과 내선일체를 외치는 일제의 나팔수로 전락했다. 김일성은 훗날 그 시기를 이렇게 회고했다.

"조선이 죽어가고 있다는 이 기막힌 사실이야말로 우리가 백두산에 나가서 '조선은 살아있다! 조선은 싸우고 있다! 조선은 반드시 살아난다!'는 것을 실증해 주지 않으면 안 될 가장 절박한 이유였다."

그가 말한 '백두산으로 간다'는 말은 무장투쟁의 무대를 국내로 확대하겠다는 뜻이었다. 전 세계가 제국주의 앞에 움츠러들던 시기에 김일성은 일제와의 전면전을 준비하는 대담한 구상을 세운 것이다.

1931년 만주 사변 직후 중국인과 조선인 독립운동가들이 관내로 피신하던 와중에도 김일성은 '무장에는 무장으로'라는 기치를 내걸고 반일인민유격대 창설에 나섰다. 1934년 일제가 유격 근거지를 포위하며 압박을 가하자 그는 소극적인 방어가 아닌 기습적인 배후 공격으로 맞섰다. 위공 작전이라는 전례 없는 악랄한 탄압에 관해서도 그는 유격구를 더욱 넓히는 전술로 대응했고 결국 유격구를 자진 해산함으로써 방어 중심의 전투에서 벗어나 북만 원정을 단행했다. 그 결과 조선인민혁명군의 깃발은 더욱 힘차게 휘날릴 수 있었다.

이 같은 공세적 전략의 자신감은 김일성 사상의 출발점인 민중 주체 자주 노선에서 비롯되었다. 1930년대 중반, 독립운동을 지지하던 많은 우국지사가 침묵하거나 변절하는 가운데도 김일성은 민중 속에서 희망을 찾았다. 일제의 탄압이 심해질수록 모든 것을 빼앗긴 민중은 오히려 더 치열하게 항일 투쟁에 나설 수밖에 없었다. 그의 노선은 민중을 믿고 민중의 힘으로 독립을 이루자는 것이었다.

당시 조선인민혁명군은 무장투쟁을 국내로 확대할 만한 역량을 갖추고 있었을까? 김일성은 수많은 전투를 거치며 조선인민혁명군이 강력한 부대로 성장했다고 판단했고 독립운동 전반을 주도할 힘을 갖추었다고 확신했다. 이에 따라 그는 활동의 주 무대를 국내로 확대하기로 결심했다.

1920년대 독립군들이 압록강과 두만강을 넘어 일제를 타격하고 다시 만주로 돌아가던 방식과 비교할 때 어떤 차이가 있었을까? 독립군의 활동이 일회적인 소부대 전투에 그쳤다면 조선인민혁명군의 총소리는 전 민중을 항쟁의 길로 이끄는 신호탄이었다.

물론 몇 번의 총소리만으로 전민항쟁이 벌어지는 것은 아니다. 그러나 일제의 삼엄한 국경 경비를 뚫고 국내에서 벌어진 전투는 민중의 투지를 일깨우고 반일 지하 조직을 결집시키는 '희망의 총성'이 되었다. 그것은 단순한 기습이 아니라 백두산을 중심으로 한반도 전역에 지하 조직망을 구축하고 본격적인 전민항쟁으로 독립을 실현하려는 전략적 결단이었다.

조선 혁명의 주체성, 국제적 인정을 받다

백두산으로 향하려는 김일성의 결심은 확고했다. 이를 위해 그는 영안 경박호 부근의 남호두에 군정 간부 회의를 소집했다. 하지만 회의에 앞서 반드시 확인해야 할 문제가 있었다. 만주에서 불거진 조중 간의 민생단 갈등과 이와 관련된 코민테른의 입장이었다. 남호두는 모스크바를 다녀온 위증민이 김일성에게 직접 코민테른의 판단을 전해 주기로 약속한 장소이기도 했다. 조선 혁명 전략을 논의하는 자리에 코민테른의 공식 입장까지 더해진다면 더없이 든든한 기반이 될 터였다.

2월 중순 어느 날 저녁, 김일성이 군정 회의에 제출할 보고서 초안을 거의 마무리하고 있을 때 위증민이 불쑥 찾아왔다. 그는 코민테른이 김일성의 견해를 전적으로 지지한다며 축하의 인사를 건넸다. 그렇다면 코민테른이 김일성의 노선을 지지하게 된 배경은 무엇이었을까?

1935년 7월 25일부터 모스크바에서는 코민테른 제7차 대회가 열렸다. 이 대회는 전 세계적인 파시즘의 위협에 대응하기 위해 식민지와 반식민지 지역에서도 반파쇼 인민전선을 구축할 것을 핵심 방침으로 채택하고 소수 민족 문제에 특별한 주의를 기울였다. 같은 해 8월 1일, 중국 소비에트 정부와 중국 공산당은 8.1선언을 통해 각 당파, 민족, 계층을 망라한 항일연합군 조직을 제안했다. 이에 따라 1936년 1월, 중국 공산당 만주성위는 각 항일 부대를 동북항일연군으로 개편하기 위한 회의를 소집했다.

민생단 문제와 관련해 코민테른은 중국 공산당의 책임을 인정했다. 동시에 조선 혁명가들이 조선 혁명을 위해 싸우는 것은 정당하고 신성한 권리임을 공식적으로 확인했다. 이는 김일성이 일관되게 주장해 온 조선 혁명의 주체성을 국제적으로 승인받은 사건이었다. 이로써 조선 독립의 길을 가로막고 있던 장벽이 하나 제거된 셈이었다.

코민테른은 앞으로 중국 혁명은 중국 혁명가가, 조선 혁명은 조선 혁명가가 주도해야 한다고 권고했다. 이에 김일성은 국제적 지지를 발판 삼아 만주에서는 동북항일연군 체계를 활용하면서도 국내 항일 투쟁에 관해서는 조선인민혁명군 중심의 지도력과 독자성을 더욱 강화해 나가기로 결심했다.

조선인민혁명군, 새 시대를 열다

새 이정표

1936년 2월 27일부터 3월 3일까지 남호두에서 조선인민혁명군 간부 회의가 열렸다. 군정 간부 30~40명이 참석했으며 코민테른의 방침을 조선 간부들에게 직접 전달하고자 위증민도 자리에 함께했다. 김일성은 변화한 정세에 맞춰 새로운 전략 노선을 제시했다.

첫째, 항일 무장투쟁의 무대를 국내로 확대하겠다는 방침이었다. 당시 일제는 조선인민혁명군을 소멸시키기 위해 대규모 병력을 동원하고 국경 경비를 한층 강화하고 있었다. 이런 상황에서 조선인민혁명군이 국내로 진출하면 일제의 식민지 통치 체계를 직접적으로 흔들 수 있었다. 동시에 고통받는 조선 민중에게 해방의 희망을 불어넣고 전국적인 반일 투쟁을 고조시킬 수 있는 계기를 만들 수 있었다. 이를 위해 김일성은 백두산 일대 산림 지대에 조선인민혁명군이 의거할 수 있는 밀영망을 구축하고 해당 지역을 반유격구 형태의 근거지로 조성해야 한다고 제안했다.

둘째, 상설 통일전선체의 건설이었다. 조국의 독립을 위해서는 계급과 계층을 뛰어넘는 광범위한 민족적 단결이 필수적이었다. 김일성은 조국광복회나 민족해방동맹과 같은 조직을 구상하며 그 강령에는 식민지 통치 타도, 민중 정부 수립, 토지 개혁, 민주적 권리와 자유의 보장 등 핵심 과제가 담겨야 한다고 강조했다.

셋째, 당 창건을 위한 준비 작업의 본격화였다. 만주 벌판에서 항일 무장투쟁을 전개한 지 십수 년 이제 조선 혁명의 자주성과 정당성이 국제 공산주의 진영으로부터 공식적으로 인정받은 만큼 이를 이끌 정치적 핵심 조직인 당의 창건은 더 이상 미룰 수 없는 과제였다.

남호두 회의 이후 항일 무장투쟁은 새로운 단계로 접어들었다. 이 회의는 1930년대 전반기와 후반기를 가르는 조선 혁명의 분수령이었다. 조선 혁명을 더 높은 단계로 끌어올릴 수 있는 새로운 이정표가 마련된 것이다.

미훈진 회의에서 출발한 새 전략과 조직 개편

1936년 5월, 남호두 회의를 마친 김일성은 무송 방향으로 행군을 시작했다. 첫 행선지는 액목에 위치한 청구자 밀영이었다. 북만 원정에 함께했던 대원들이 그곳에서 김일성을 기다리고 있었는데 그들에게 새로운 방침을 전달하고 향후 거취를 정리해 줄 필요가 있었기 때문이다.

대원들은 조선인민혁명군이 마침내 조국 진출의 길을 열게 되었다는 소식에 기쁨을 감추지 못했다. 그러나 자신들이 조국 진출 부대에 포함되지 않고 다시 남만과 북만으로 돌아가 동북항일연군 소속 부대로 재편된다는 사실에 아쉬움을 감출 수 없었다. 왕청 연대는 최용건이 활동하던 구역으로, 훈춘 연대는 김

◦ 현지 주민들이 세운 남호두 회의 기념비

책이 이끄는 제3군에 편입되었으며, 일부는 주보중이 지휘하는 제5군과 함께 영안, 목릉 일대에 파견되었다. 김일성은 부대뿐만 아니라 한홍권, 박낙권, 박길송 등 북만 원정에서 생사고락을 함께한 간부들까지 송두리째 넘겨주었다. 기존 부대의 대부분을 다른 지역에 배치한 상황에서 김일성과 함께 조국으로 진출할 주력 사단은 어떻게 꾸려야 할까?

청구자 밀영을 떠난 김일성은 다시 무송 방향으로 이동해 안도현 미혼진 밀영으로 향했다. 주력 사단 편성에 앞서 조선인민혁명군의 전면적인 체제 개편을 논의하는 회의가 그곳에서 예정되어 있었기 때문이다. 그는 노야령 산줄기를 넘는 험난한 행군 끝에 3월 23일 미혼진에 도착했다. 천고의 밀림, 날카로운 얼음 벼랑, 허리까지 빠지는 눈밭을 뚫고 나아가는 고행이었으며 돈화에 들어선 뒤에는 일본군과 치열한 전투를 벌이며 밀영에 도달해야 했다.

미혼진 밀영은 안도와 돈화에서 활동하던 조선인민혁명군 독립1사 제1연대의 후방 기지였다. 후방 병원에는 부상자들과 함께 전염병 환자 50여 명이 있었다. 김일성은 도착 직후 이들을 살핀 뒤 곧바로 군정 간부 회의를 소집했다. 이 회의는 미혼진 회의로 불린다. 중대 정치지도원급 이상 간부들이 참석했으며 향후 조직 개편 방향을 논의했다. 동북항일연군 체계와의 연계를 고려해 위증민, 왕덕태 등 중국인 간부도 참석했다.

회의 결과 조선인민혁명군의 전투 체계를 기존 2개 사단에서 3개 사단과 1개 독립여단으로 확대하기로 결정했다. 제1사단은 무송, 안도, 임강 일대, 제2사단은 간도와 북만 일대에서 활동하며, 새로 편성되는 제3사단은 백두산과 압록강 국경 지대를 주요 무대로 삼기로 했다. 또한 새롭게 창설되는 독립여단은 북만주 일대를 유동적으로 오가며 적의 활동을 견제하고 점차 압록강 연안으로 진출해 국경 일대 일본군을 제압하도록 계획되었다.

김일성은 기존 제1사단과 제2사단에 대부분의 병력을 배치하고, 제3사단은 무송 일대에서 활동하던 제2연대 대원들을 중심으로 편성하기로 했다. 여기에 동만 일대와 조선 본토에서 선발한 우수한 청년들을 받아들여 새 사단을 조직할 계획이었다.

마안산에서 다시 태어나다

김일성 부대는 새 주력 사단을 편성하겠다는 구상을 안고 마안산 밀영으로 향했다. 그러나 그 길은 험난했다. 미혼진을 떠난 직후부터 김일성은 열 명 남짓한 호위대와 두 명의 어린 전령병만을 대동한 채 매일 한두 차례씩 일본군과 교전을 벌였고 밤에는 직접 야간 보초를 서야 했다.

그런데 마침내 도착한 마안산 밀영은 텅 비어 있었다. 그곳에서 기다리고 있을 줄 알았던 제2연대는 보이지 않았고 대신 제

1사단 정치주임 김홍범이 남아있었다. 그는 제2연대가 교하로 원정을 떠났고 밀영에 남아있던 민생단 혐의자 100여 명도 식량을 구하러 나간 상태라고 전했다. 김일성은 망연자실했다. 제2연대는 김일성이 직접 단련시킨 정예 전사들로 '고려 홍군'이라 불릴 만큼 뛰어난 전투력을 갖춘 부대였다. 이들이 빠진 상태에서 새로운 사단을 편성하는 것은 사실상 불가능해 보였다.

바로 그때 임강현 마의하 방면에서 활동하던 민생단 혐의자들이 김일성의 호출을 받고 산을 넘어 밀영으로 돌아왔다. 이들은 조국을 위해 싸우던 전사들이었지만 민생단으로 몰려 혁명 대열에서 추방당한 채 김일성이 자신들의 억울한 사정을 풀어주기를 기다리며 버티고 있었다. 실제로 그들은 무송과 임강 일대에서 200여 명의 위만군을 격파하고 식량도 스스로 조달하고 있었다. 이는 그들이 결코 혁명의 배신자가 아니라는 확실한 증거였다.

그러나 마안산에 있던 간부들은 여전히 그들을 경계하며 억압했다. 민생단에 대한 중국 공산당의 의심이 현장에서는 여전히 힘을 발휘하고 있었던 것이다. 김일성은 결단을 내렸다.

"누가 민생단이고 아닌지를 단정하기는 어렵다. 동무들이 스스로 민생단이 아니라고 말했으니 나는 그 말을 믿는다. 이 순간부터 동무들은 인생의 백지를 하나씩 받은 셈이다. 그 백지에 어떤 삶과 투쟁의 기록을 남기느냐는 전적으로 동무들 자신에게 달렸다. 나는 동무들이 조국과 역사 앞에 떳떳한 투쟁의 행

적을 적어나갈 것이라고 믿는다. 이 시각부터 동무들을 억눌러 온 민생단 혐의는 완전히 무효이며 지금부터 모두 조선인민혁명군 주력 부대의 전사가 되었음을 선언한다."

김일성은 민생단 혐의자 명단이 담긴 문건 보따리를 불태워 없애 버렸다. 이렇게 하여 이들은 조선인민혁명군의 주력 전사로 다시 태어났다.

이 소식은 삽시간에 퍼져나갔다. 민생단 혐의로 숨어 지내던 이들이 하나둘 새 사단으로 모여들었다. 무송현 노모정자에서 병을 앓던 청년들, 안도현 수림 지대에서 활동하던 김주현 소조, 처창즈의 김택환 부대까지 합류했다. 20명도 안 되던 부대는 동강에 이르자 수백 명 규모로 성장했다. 제2연대가 도착했을 때는 이미 반년이 지난 뒤였고 새 사단은 백두산 일대에서 확고히 자리 잡은 상태였다.

마안산 밀영의 아이들

이때 식량을 구하러 나갔던 김정숙이 아이들과 함께 돌아왔다. 유격 근거지가 해산되던 당시 김정숙이 데리고 나온 아이들로 부모를 잃은 고아들이었다. 그러나 마안산 밀영의 중국 공산당 일꾼들은 아이들을 귀찮은 짐처럼 여기며 천대했다. 아이들을 보살피기만 해도 민생단으로 몰아세우며 갖은 횡포를 부리기도 했다. 조선 고아를 돌보는 일은 민족주의라는 이유에서 였다.

아이들의 헐벗은 모습을 차마 보고만 있을 수 없어 연대 후방부가 보관 중이던 군복 천으로 옷을 지어 입힌 연대장 대리 김낙천도 결국 민생단 혐의로 몰려 처형당하고 말았다. 이 소식을 들은 김일성은 분노하며 일꾼들을 타일렀다.

"후대를 괄시하는 것은 자기 자신을 괄시하는 것과 같다. 후대가 어려움에 빠졌을 때 자기 안위만 생각하며 외면한다면 먼 훗날 후대들도 우리를 돌아보지 않을 것이다. 우리가 오늘 후대를 위해 기울이는 노력은 수십 년 뒤 후대들이 우리를 바라보는 눈빛을 결정지을 것이다. 그들이 만들어갈 조국의 모습 또한 달라질 것이다. 후대를 사랑하면 할수록 내일의 조국은 더욱 문명해지고 아름다워질 것이다. 후대를 사랑한다는 것은 곧 미래를 사랑하는 것이다. 조국의 미래를 위해 후대를 더 잘 보살피고 가꾸자."

그는 군복 안주머니에서 20원을 꺼내 연대 정치위원 김산호에게 건네며 아이들에게 옷을 해 입히라고 말했다. 그 돈은 김일성의 어머니가 삯바느질로 모은 것이었다.

"남자의 주머니에는 급할 때 쓸 돈이 있어야 한다."

김일성은 무장투쟁의 고된 나날 속에서도 그 돈을 쓰지 않았다. 절박한 순간마다 어머니의 뜨거운 사랑이 깃든 그 돈을 꺼내 보며 마음을 다잡곤 했다. 이제 그는 그 사랑을 아이들에게 나누기로 결심했다. 어머니의 따뜻한 마음이 아이들의 가슴속 깊이까지 스며들기를 바랐다.

김일성은 아이들을 주력 부대와 함께 데려가기로 했다. 아이들은 무장 대열 속에서 혁명가로 성장했고 마침내 무장을 든 소년 투사로 거듭났다.

혁명 동지들과 세운 조국광복회

혁명의 동지가 된 대통 영감 이동백

　새 사단이 창설되면서 무장투쟁은 국경을 넘어 국내로까지 확대될 수 있었고 국내 애국 역량을 하나로 모으는 통일전선 건설의 돌파구도 마련되었다. 김일성은 조국광복회 창립 준비를 진두지휘하며 통일전선 구상을 함께 논의할 인물을 만났다.

　어느 날 통일전선 구상을 고심하던 김일성에게 화룡 지역의 한 부대가 찾아왔다. 그들은 서생 한 사람을 데리고 왔는데 자신들이 김일성 사령부로 간다는 사실을 눈치채고 무작정 따라왔다고 했다. 그는 주인집 장작을 패다가 나온 김일성이 사령관이라고 하자 믿기 어려워하는 눈치였다.

"소문난 잔치에 먹을 게 없지요. 제 몰골이 이렇습니다."

"그간의 노고가 미루어 짐작됩니다. 저 또한 아무것도 이룬 것 없이 우왕좌왕하는 기회주의자올시다."

솔직하고 꾸밈없는 그의 모습과 말투는 김일성의 마음을 끌었다. 두 사람은 미혼진 밀영으로 향하는 길에 동행하며 이런저런 이야기를 나누었다. 이 사람이 바로 훗날 조국광복회 발기인으로 이름을 올린 '대통 영감' 이동백이었다.

이동백은 함경남도 단천 출신으로 임시정부에서 활동한 사회주의자 이동휘의 영향을 받아 독립운동에 뛰어들었다. 처음에는 독립군 조직인 군비단에서 활동했지만 1920년 간도 대토벌 이후 군비단이 해산되자 연해주로 건너가 고려공산당에 참여했다. 이후 1922년 연해주에서 열린 공산당 합동대회에서 파벌 싸움을 목격한 뒤 크게 실망하여 훈춘으로 내려와 교사로 일했다.

1925년에는 서울로 올라가 조선공산당 창립대회에 참여하고 6.10 만세운동 준비에도 가담했으나 그곳에서도 파벌 갈등과 내부의 분열을 목격했다. 중앙위원이라는 사람을 자루에 넣고 곤봉으로 때리는 폭력 사건, 경찰 밀고 사건 등은 그의 환멸을 키웠다. 결국 이동백은 용정으로 돌아가 한동안 신문기자로 일하다가 화룡의 깊은 산중에서 서당 훈장으로 은둔 생활을 했다.

"그러니 내가 기회주의자가 아니고 뭐겠습니까? 파벌이란 파벌에는 다 끼여본 알짜배기 기회주의자지요."

대통으로만 담배를 피우는 습관 때문에 대통 영감이라 불리던 그는 유격대를 따라다니다가 마침내 입대 허가를 받게 되자 신이 나서 어쩔 줄 몰라 했다.

"제가 장군 곁에 남게 된 이유가 뭔지 아십니까? 첫째는 장군의 고명한 경륜 때문이고, 둘째는 장군의 기운 바지와 미혼진 밀영 열병 환자들의 울음 때문입니다. 격리된 환자들을 거리낌 없이 찾아가 정성껏 돌보는 모습을 보고 깊은 생각에 잠겼습니다. 저는 그때 느꼈습니다. 조선 혁명의 진정한 주인, 조선의 운명을 책임질 진짜 지도자를 만났다고 말입니다. 탁상공론이나 공리공담에 빠지지 않는 점, 그 점 하나만으로도 저 같은 시골 서생의 가슴을 울리기에 충분했습니다."

김일성과 이동백은 통일전선 방안을 논의하며 조국광복회의 틀을 함께 구상해 나갔다.

"통일전선체라는 건 보통 정당이나 단체의 연합을 말하는데 지금 우리나라에는 합법적인 정당도 없고 단체도 없지 않습니까? 이런 상황에서 어떻게 통일전선을 만든다는 겁니까?"

이동백의 물음에 김일성이 대답했다.

"통일전선이 꼭 정당이나 단체의 연합만을 뜻하는 것은 아닙니다. 핵심 지도 세력과 군중이 있으면 가능합니다. 목적과 지향이 같다면 열 사람이든 백 사람이든 모아 세우면 됩니다."

김일성이 조국광복회의 강령과 규약을 작성하는 과정에서 이동백과 나눈 이와 같은 토론은 큰 도움이 되었다.

1936년 4월 말, 김일성은 동강 숲속에서 조국광복회 창립대회를 열었다. 국내에서는 벽동의 천도교 대표와 농민 대표, 온성의 교원 대표와 노동자 대표가 참석했다. 15일 동안 이어진 창립대회에서 김일성은 '반일 민족통일전선운동을 더욱 확대 발전시켜 조선 혁명을 새로운 앙양으로 이끌자'라는 강연을 통해 항일 무장투쟁의 방향을 제시했다.

무송 진출과 장백 지역으로의 확산

다시 무송으로

조선인민혁명군이 백두산으로 진출하기 위해서는 먼저 그 주변 지역을 반유격구로 만들어야 했다. 백두산 일대가 혁명 조직으로 포위되어 있지 않으면 오히려 자신들이 포위되어 고립될 위험이 컸기 때문이다. 따라서 김일성은 이 일대를 전장으로 만들고 지속적인 전투를 통해 민중을 조직화해 나가기로 했다.

그는 먼저 백두산 서북부의 적부터 제압하기로 하고 송화강 전투와 노령 전투를 통해 무송의 숲 지대를 장악했다. 이어 1936년 7월 10일, 김일성 부대는 시난차 경찰서를 기습했다. 경찰들이 점심시간을 이용해 무기 청소를 한다는 정보를 미리 입수한 덕분에 거의 저항 없이 경찰들을 생포하고 마을 전체를 장악할 수 있었다. 경찰서 앞에는 즉석 무대가 세워졌고 여성 대원들이 여성 해방가를 부르며 민중과 함께 공연을 벌이는 장면은 단순한 승리를 넘어선 정치적 메시지였다.

다음 목표는 위만군 세 개 연대가 상주하던 군사 요충지 서강이었다. 김일성 부대는 중국인 반일 부대와 공동 작전을 펼쳐 목조 병영에 불을 질렀다. 보슬비가 내리는 가운데 불붙은 솜뭉치를 던지자 지붕 전체가 불길에 휩싸였고 곧이어 맹렬한 사격전이 이어졌다. 그러나 위만군 연대장은 쉽게 항복하지 않았다. 김일성은 병영 아래의 지하 포대를 파괴하기 위해 인근 민가의 부엌에서부터 땅굴을 파기 시작했고 동시에 연대장의 장모를 데려와 사위에게 항복을 권유하게 했다.

"중국인으로서 일제의 앞잡이가 되는 치욕을 벗어던지라."

장모의 호소에 연대장이 항복하자 김일성은 그에게 사병 두 명과 여비를 챙겨서 돌려보냈다. 이는 위만군 내부에 조선인민혁명군의 도덕성과 관용을 알리기 위한 전략적 조치였다. 포로들에게 여비까지 주며 돌려보내자 위만군 내부에서는 동요가 일어났다.

반면에 김일성의 경고에도 불구하고 중국 반일 부대를 계속 토벌하던 위만군 대대장 왕가를 사살하여 시신을 무송 경찰대에 보냈다. 왕가의 장례를 지켜보던 위만군 내부에는 김일성 부대와 싸우면 죽을 뿐이라는 소문이 퍼졌다. 그때 일본군 60명이

배를 타고 임강으로 들어온다는 정보를 입수한 조선인민혁명군은 적군을 모두 격파했다. 이제 무송은 완전히 조선인민혁명군의 수중에 들어갔다.

상황이 이렇게 전개되자 그간 김일성 부대와의 연합을 거부하던 만순 부대까지 협력의 손을 내밀었다. 오의성 부대의 핵심 전력인 이홍빈 부대도 김일성을 찾아와 합류했다. 이로써 세 부대가 연합한 병력은 1,800여 명에 달하게 되었다. 김일성은 이제 백두산을 중심으로 한 항일 무장투쟁의 거점을 본격적으로 구축할 기반을 마련한 셈이었다.

무송현성 전투

백두산을 장악하려면 먼저 무송을 넘어야 했다. 무송은 관동군, 위만군, 경찰대가 주둔한 군사 요충지로 방어가 철저해 쉽게 접근할 수 없었다. 다행히 성문 경비를 맡은 위만군 중대가 이미 조선인민혁명군의 영향을 받고 있어 부중대장이 약속된 시간에 성문을 열어주기로 했다.

1936년 8월 17일 새벽 1시, 조선인민혁명군은 동산 포대를 먼저 점령하고 대남문과 소남문을 향해 진격하고, 중국 반일 부대는 동문과 북문을 공격하기로 작전을 세웠다. 전날 밤 김일성은 전광에게 송수진과 만량하를 기습해 적의 주의를 분산시키는 임무를 맡겼다.

하지만 전투는 시작부터 차질을 빚었다. 이홍빈 부대는 집결지에 들르지 않고 동문으로 곧장 이동했고, 만순 부대는 마약이 떨어져 작전에 참여하지 못했다. 성문을 열기로 했던 위만군 부중대장은 약속된 시간에 준비를 마치고 기다렸으나 시간이 지나자 교대가 이루어졌고 성문 경비에서 물러나야 했다. 이로써 안안으로 은밀히 진입하려던 작전은 실패로 돌아갔다.

이제 공격을 강행할지 철수할지를 결정해야 했다. 하지만 1,800명의 병력을 모아놓고 후퇴할 경우 반일 연합 전선 전체가 흔들릴 수 있었다. 김일성은 결단을 내렸다.

"상황은 어렵지만 결사의 각오로 반드시 승리를 쟁취하자!"

조선인민혁명군 제7연대 제4중대는 동산 포대를 장악하고 소남문을 돌파했다. 기관총 중대의 엄호 속에 시내로 진입했고 북문과 동문에서도 공격이 개시되었다. 전투는 순조롭게 시작되었지만 곧 위기가 닥쳤다.

북문을 맡은 만순 부대가 몰려오는 적의 수에 놀라 퇴각했고 동문 쪽의 이홍빈 부대도 밀리기 시작했다. 적의 병력이 소남문 방향으로 집중되면서 사령부까지 위협받는 상황이 되었다. 그때 전날 만량하로 보냈던 전광 부대가 물이 불어나 기습에 실패하고 되돌아온다는 소식이 전해졌다. 이를 본 만순 부대는 적의 증원군이 오는 것으로 착각해 철수했던 것이다.

후퇴할지 결전을 벌일지 상황은 진퇴양난이었다.

이때 짙은 안개가 끼기 시작했다. 김일성은 이를 기회로 삼아 동산과 소마록구 능선으로 철수하라는 명령을 내렸다. 하지만 철수하려면 잘루목에 먼저 집결해야 했고 적도 이를 간파하고 잘루목 선점을 시도했다. 위기의 순간이었다.

당시 잘루목에는 식사를 준비 중이던 여성 유격대원 7~8명이 있었다. 그들은 적의 대부대와 교전하며 잘루목을 지켜냈고 사령부는 포위망을 벗어날 수 있었다.

이제 반격의 시간이 왔다. 잘루목 공방전이 벌어지는 동안 제7연대는 안개가 낀 동산 남쪽 고지에 매복했고 철수를 엄호하던 중대도 골짜기 끝 산등성이에 유인 작전을 펼쳤다. 그 사이 일본군 다카하시 부대가 매복 지점으로 진입했다. 조선인민혁명군은 산기슭에 고립된 적을 일제히 공격했다.

여성 지휘관 김확실은 기관총을 쏘며 백병전에 나섰고 김정숙은 양손에 연발 소총을 들고 적 10여 명을 쓰러뜨렸다. 마약 중독으로 전투에서 빠질 뻔했던 만순 연대장도 바위 위에서 지휘하며 결전을 이끌었다.

이 전투로 적군 300여 명이 전사하고 10여 명만 살아 돌아갔다. 사태는 즉시 관동군 사령부에 보고되었고 신경 비행장에서 군용기가 출격했으며 통화, 환인, 사평가 등지에서 증원군이 파견되었다. 하지만 조선인민혁명군과 중국 반일 부대는 이미 숲속으로 유유히 사라진 뒤였다.

무송현성 전투의 승리는 반일 연합 전선을 한층 강화했고 백두산 서북 지대를 조선인민혁명군이 장악할 수 있는 발판이 되었다.

장백 지역의 전투

백두산은 '한 사람이 지켜도 만 사람이 당해낼 수 없는 천연의 요새'이다. 예로부터 우리 민족의 상징인 백두산을 숭상하는 것은 곧 조국을 사랑하는 마음의 표현이었다. 김일성은 백두산으로 곧장 진출하기보다 압록강 연안을 따라 국경 지대의 민중을 만나 독립의 희망을 전하기로 결심했다.

1936년 8월 말, 감자꽃이 피는 시기에 김일성 부대는 만강을 떠나 장백현 19도구 지양개 마을에 도착해 마을 일을 도우며 조국광복회 창립 선언과 10대 강령을 알렸다. 저녁이 되자 대원들은 학교의 풍금을 운동장으로 옮겨 주민들과 함께 오락회를 열었고, 춤과 노래가 어우러진 자리가 이어졌다. 주민들은 무장투쟁만 아니라 예능에도 뛰어난 대원들의 모습에 감탄했다. 오락회의 분위기가 무르익자 김일성은 조선인민혁명군이 백두산에 온 이유가 조국 광복에 있음을 강조하며 민중의 지지와 참여를 호소했다.

대덕수 전투

9월 1일 새벽, 김일성 부대는 대덕수 마을에 들어왔다. 대원들이 공연을 준비하던 중 마을 앞산의 망원초소에서 적의 접근을 알리는 총성이 울렸다. 경찰대 약 200명이 다가오고 있었다. 김일성은 선바위에서 신속히 전투를 지휘했고 초소 대원들은 후퇴하는 척하며 적을 유인했다. 잠시 후 주력 부대의 집중 사격이 이어졌고 적군은 큰 피해를 당하고 퇴각했다.

대덕수 전투는 조선인민혁명군이 장백 지역에 진출해 처음 벌인 전투였다. 마을 주민들은 감자떡과 농마국수로 대원들을 대접했고 대원들은 춤과 노래로 화답했다. 김일성은 마을 원로에게 조국광복회 강령을 전달한 뒤 다음 거점으로 이동했다. 이후 이 마을에도 조국광복회 조직이 생겨났다.

소덕수 등판에서의 기습 전투

김일성 부대는 5리 떨어진 소덕수 등판 북쪽 숲으로 이동해 휴식을 취했다. 다음 날 새벽, 북쪽 경계 초소에서 총성이 울렸고 남북 양방향에서 적이 동시에 접근해 왔다. 김일성은 일부 대원만 후위에 남기고 주력 부대를 신속히 철수시켰다.

남은 대원들은 철수를 엄호한 뒤 적들이 서로 총을 쏠 수 있을 만큼 가까워지자 집중 사격을 퍼붓고 빠르게 철수했다. 적군은 서로를 조선인민혁명군으로 오인해 무차별 사격을 벌였고 3~4시간 만에 많은 사상자가 발생했다.

전투 이후 적들은 시신을 나를 들것이 부족해지자 농가의 문짝을 뜯어 사용했다. 이 때문에 주민들은 한동안 문 대신 가마

니를 걸고 살아야 했다. 적군 내부에는 책임 전가와 혼란이 이어졌고 김일성 부대에 대한 소문이 퍼졌다.

"김일성이 둔갑술을 써서 신출귀몰한다더라."

연이은 승전보

김일성 부대는 9월 8일 16도구 신창동 부근, 10일 도만동, 13일 3종점, 14일 대교 부근에서 전투를 벌였고 반절구와 2도강 등 압록강 연안 일대에서도 연이어 적을 타격했다. 장백 지역에서는 경찰들의 집단 사직과 공직 회피 현상이 확산되며 행정 시스템이 혼란에 빠졌다.

반면 주민들 사이에서는 조선인민혁명군에 입대하고 싶다는 청원이 이어졌다. 이런 분위기 속에서 김일성 부대는 조국광복회 분회를 14도구 요방자, 16도구 소덕수리, 19도구 홍인보, 20도구 등지로 빠르게 확대해 나갔다.

〈피바다〉에서 밀영까지,
백두산이 품은 항일의 불꽃

혁명 연극 〈피바다〉

무송현성 전투 이후 조선인민혁명군 주력 부대는 백두산 서쪽에 위치한 만강 부락으로 향했다. 만강은 무송현성 남쪽 끝자락에 자리한 조선인 마을로 1936년 당시 80호 남짓 되는 외딴 산골이었다. 조선인민혁명군은 이곳에 잠시 머물며 연극 공연을 준비했고 이 과정에서 북에서 가장 유명한 혁명가극 〈피바다〉가 탄생했다.

김일성이 처음 안도에서 유격대를 조직해 동만으로 이동했을 당시 그곳은 여전히 일본 군경의 토벌로 인해 극심한 고통을 겪고 있었다. 수십, 수백 명이 학살당하는 참상이 일상처럼 벌어지는, 말 그대로 '피바다'였다. 이 광경을 목격한 김일성은 아버지에게 배운 노래 〈간도토벌가〉를 떠올렸다. 이 노래는 1920년 간도 대학살을 다룬 곡이다.

하지만 그는 그러한 비극 속에서도 총과 곤봉을 들고 분연히 일어선 민중들의 모습에 감동을 하였다. 특히 여성들이 항일 투쟁에 나서는 장면은 강렬한 인상을 남겼다. 김일성은 그런 여성들을 주인공으로 한 연극을 만들고자 했다.

이동백은 김일성에게 한 권의 신간 문예지를 보여주었다. 그 안에는 남편이 감옥에 가자 아내가 아이를 남에게 맡기고 재가하는 내용의 소설이 실려있었다. 김일성이 소설에 대한 소감을 묻자 이동백은 이렇게 말했다.

"생활이라는 것이 이런 것인가 하는 씁쓸한 감정이 듭니다."

그러자 김일성은 반문했다.

"그 말씀은 소설에 진실이 반영되어 있다는 뜻입니까?"

"슬픈 일이지만 진실이 반영되어 있습니다."

이동백의 대답에 김일성은 되물었다.

"그런 개별적이고 우연적인 현상을 진실이라 할 수 있습니까? 조선과 만주에서 제가 본 여성들은 대부분 남편에게도, 자식에게도, 이웃에게도, 나라에도 충실한 분들이었습니다. 남편 대신 작탄과 삐라를 품고 혁명 사업에 나서는 여성, 남편이 쓰러지면 군복을 입고 총칼을 드는 여성, 문전걸식하며 아이들을 살리는 여성…. 이것이 진짜 조선 여성의 모습입니다. 그런 여성들을 보지 않고 이광수처럼 혁명가의 아내를 모독하면 맥주병 세례는 물론 빨랫방망이 세례도 받을 겁니다. 우리 어머니들의 빨랫방망이는 무장 해제할 때만 쓰는 게 아닙니다."

김일성의 말에 이동백도 깊이 공감했다. 그는 조선 여성 투사들의 이야기를 꺼내며 여성 혁명가의 삶을 다룬 연극을 만들자고 제안했고 김일성도 그 필요성에 전적으로 동의했다.

만강 부락에서 김일성은 대본을 직접 집필했고 연습 과정에도 적극 참여했다. 한번은 갑순이 역할을 맡은 여대원이 연기를 어려워하자 김일성은 그녀에게 본인의 체험을 바탕으로 설명해 주었다.

"이 연극은 동무 같은 사람들의 생활을 엮은 것입니다. 을남이를 친동생이라고 생각해 보세요. 방금까지 '누나, 누나~' 하던 동생이 눈앞에서 쓰러졌다면 동무 가슴에서 피눈물이 흐르지 않겠습니까?"

또 다른 중대장이 일본군 토벌대장 역할을 맡기 어렵다고 하자 김일성은 이렇게 말했다.

"토벌대장 역을 잘 해내는 것, 그것이 이번 전투 과업입니다."

마침내 연극의 막이 올랐다. 마을 전체를 피바다로 만든 일제의 만행, 남편과 아버지를 잃은 가족의 통곡, 투사로 거듭난 어머니와 아이들의 모습이 무대에 펼쳐졌다. 관객들은 눈물을 흘렸고 한 노인은 무대 위로 뛰어올라 토벌대장 역할을 맡은 배우의 이마를 장죽으로 내리치기도 했다. 공연이 끝나자 박수갈

◦ 북의 혁명 연극 〈피바다〉 장면

채가 쏟아졌다.

"우리도 일제 놈들과 싸움에 나섭시다!"

청년들은 입대를 청원했고 마을 사람들은 자정이 지나도록 등잔불 아래에서 연극의 감상을 나누었다. 〈피바다〉 공연은 까막눈이던 산골 주민들을 항일 투쟁의 후원자이자 직접 참여자로 바꿔놓았다.

20여 년 뒤 혁명 전적지 답사단이 만강을 찾았을 때 주민들은 등장인물의 이름, 줄거리, 대사까지도 생생히 기억하고 있었다. 그만큼 〈피바다〉 공연이 당시 마을 사람들에게 남긴 충격과 감명은 깊었다.

백두 밀영

조선인민혁명군은 백두산 서남부 지역을 제압하고 이 일대를 반유격구로 만들었다. 이를 통해 주력 부대가 자유롭게 활동할 수 있는 공간을 확보했으며 다음 과제는 혁명 사령부의 거점, 즉 밀영망을 구축하는 일이었다.

당시 항일 무장투쟁은 세계 최강의 제국주의 일본과 맞서는 싸움이었다. 그런 상황에서 혁명 지도부를 보호하고 전체 활동을 조율할 수 있는 근거지를 마련하는 일은 무장 부대의 생존과 직결된 문제였다. 특히 1930년대 중반, 일제는 김일성 제거를 최우선 목표로 삼고 사령부의 움직임을 집요하게 추적하고 있었다. 따라서 사령부의 안전성과 통일적인 지휘 체계를 모두 만족시킬 수 있는 공간을 확보하는 것은 항일 무장투쟁의 사활이 걸린 과제였다.

백두산은 이런 조건을 갖춘 천혜의 요새였다. 백무고원, 개마고원, 낭림산줄기로 이어지는 깊은 산림은 비밀 근거지를 넓히고 무장투쟁을 확장하기에 매우 유리했다. 산세가 험하고 통로가 좁아 현대 장비에 의존하는 일본군에게는 불리했지만 간편한 장비로 유격전에 능한 조선인민혁명군에게는 최적의 환경이었다. 이처럼 백두산은 북부를 거점으로 한반도 전역으로 투쟁을 확산시키기에 가장 알맞은 곳이었다.

1936년 9월 20일, 김일성의 명령을 받은 부대가 백두산 밀영

후보지로 소백수골을 발견했다. 조선인민혁명군이 백두산에 마련한 첫 국내 밀영 후보지였다. 이곳은 북서쪽 40리에 백두산, 20리에 선오산, 동북쪽 15리에 간백산이 솟아있는 산악 지대로 험하고 은밀한 지형 덕분에 밀영지로 적합했다. 조선인민혁명군이 소백수골에 자리 잡았다는 것은 항일 혁명의 중심이 동만에서 백두산으로 옮겨졌음을 의미했다.

1930년 전반기 유격 근거지는 민중이 정권을 세우고 생활하던 공개적인 해방구였다. 반면 백두산 근거지는 표면적으로는 일제의 통치 아래에 있는 듯 보였지만 실제로는 조선인민혁명군의 방침과 노선에 따라 움직이는 비밀 기지였다. 전반기의 해방구가 방어에 많은 힘을 쏟아야 했다면 백두산에서는 유격대의 활동을 더 넓은 지역으로 확대할 수 있었다.

소백수골을 출발점으로 형성된 백두산 밀영망은 한반도 북부와 중부 그리고 서간도까지 거미줄처럼 확장되며 수많은 비밀 근거지를 만들어냈다. 이곳에서 혁명의 불씨를 가슴에 품고 전국 각지로 떠난 이도 많았다. 권영벽, 김주현, 김평, 김정숙, 박록금, 마동희, 지태환 등 정치 일꾼들과 이제순, 박달, 박인진 등 민중 대표들이 새로운 결의를 안고 민중 속으로 돌아갔다. 이처럼 혁명의 운명과 직결된 많은 일이 백두산 밀영에서 설계되고 실행되었다. 조선인민혁명군은 소백수골 밀영을 백두산 1호 밀영이라 불렀다.

1호 밀영은 사령부 직속 부서와 일부 핵심 부대만 상주하며 철저한 보안이 유지되었다. 외부인이나 다른 부대는 2호 밀영인 사자봉 밀영에서 접견했으며 이곳에서는 훈련과 강습도 진행되었다. 이러한 철저한 보안 덕분에 백두 밀영은 해방될 때까지 단 한 차례도 일제에 발각되지 않았다.

백두산 밀영망은 국내와 만주 전역에 퍼져있었다. 국내에는 소백수골, 사자봉, 곰산, 선오산, 간백산, 무두봉, 소연지봉 밀영 등이 있었고, 만주 서간도에는 곰의골, 지양개, 이도강, 횡산, 이명수, 부후물, 청봉 밀영과 무송 지구의 여러 밀영이 있었다. 이 밀영들은 단순한 병영 기능뿐만 아니라 재봉소, 무기 수리소, 병원 같은 후방 지원 기능과 정치 일꾼들의 연락소, 숙영소 역할도 함께 수행했다.

일제의 대공세와
유격대의 대응

도문 회담과 동기 대토벌

1936년 가을, 조선인민혁명군이 압록강을 따라 남하하며 군사 및 정치 활동을 전개하자 일제는 큰 충격에 빠졌다. 조선과 만주의 언론은 연일 장백 지역에서 벌어지는 유격대의 활동을 보도했고 일본 당국은 긴급 대응에 나섰다.

그해 10월 29일, 미나미 조선 총독과 우에다 관동군 사령관은 도문 회담을 열어 치안 유지 비상 대책을 논의했다. 이 자리에서 일제는 동기 대토벌을 추진하기로 결정하고 관동군 사령관이 조선 북부에서 만주에 이르는 토벌 작전을 전면 지휘하도록 했다. 중국 침략을 주도하던 관동군이 정규군도 아닌 유격대를 상대하기 위해 직접 나섰다는 사실은 조선인민혁명군의 활동이 그만큼 일제에 큰 위협이었음을 보여준다.

1936년 겨울, 일제는 백두산 국경 일대에 토벌 병력을 집중시켰다. 통화에 토벌 사령부를 설치하고 조선 주둔군과 만주 주둔군이 함께 참여하는 혼성 토벌 작전을 통해 동기 대토벌을 개시했다. 한반도 남부의 경찰 부대가 북부 산악 지대로 투입되었고 일본군 제19사단은 압록강을 넘어 이동했으며 치치하르에 주둔하던 관동군 병력도 압록강 국경 일대로 옮겨왔다. 여기에 잔혹하기로 악명 높은 정안군을 비롯해 위만군, 위만 경찰대, 산림경찰대 등 총 1만 6,000여 명이 동원되었다.

이 시기 일제의 대표적인 토벌 전략은 '참빗 전술'이었다. 참빗으로 머리를 빗듯 백두산의 능선과 골짜기를 샅샅이 훑어 유격대의 탈출구를 완전히 봉쇄하겠다는 의도였다. 동시에 보갑제와 통행증 제도 등을 도입해 주민의 이동을 철저히 통제하며 민간을 감시하고 억압하는 방식으로 토벌 작전을 지원했다. 이러한 상황에서 백두산 근거지를 사수하는 것은 항일 혁명의 사활이 걸린 절박한 과제였다.

1936년 11월, 김일성은 곰의골 밀영에서 군정 간부 회의를 열고 동기 대토벌에 맞서는 전략을 제시했다. "적의 양적, 기술적 우세를 사상적, 전술적 우세로 격파하자"는 그의 지침은 무장투쟁 초기부터 일관되게 견지해 온 원칙이기도 했다. 숫자나 무기 면에서 유격대는 열세일 수밖에 없지만 적은 고용된 군대에 불과했지만 조선인민혁명군은 조국 광복과 민중 해방을 위해 싸우는 민중의 군대라는 점에서 본질적인 차이가 있다는 것이었다.

"필승의 신념과 불굴의 투지, 강의한 혁명 정신, 혁명적 낙관주의로 무장하여 유격대 한 명이 제국주의 군대 열 명, 백 명을 물리치는 기상으로 동기 대토벌을 격파하자!"

김일성은 대부대 전투와 소부대 활동을 병행하는 전술도 강조했다.

"소부대들이 마을마다 나타나 연설하고 적을 유인하면서 이리저리 끌고 다니다가 동쪽에서 치고 서쪽에서 쳐서 혼란에 빠뜨리라. 적들이 쉬지도 자지도 못하는 사이 대부대가 적의 주력을 타격하면 동기 대토벌은 무력화될 것이다."

곰의골 전투

1936년 겨울, 일제의 동기 대토벌이 본격화되었을 때 조선인민혁명군 사령부는 곰의골 밀영에 머물고 있었다. 어느 날 오중흡 연대장이 밀정 두 명을 생포해 일본군과 위만군의 합동 토벌대가 접근 중이라는 정보를 입수했다. 한 부대는 2도강에서, 다른 부대는 16도구 마가자 서북쪽을 경유해 오는 중이었다. 일제는 사령부의 위치를 파악하고 삼면 포위 후 일거에 공격하려는 계획을 세운 것이었다.

상황은 긴박했지만 아직 적이 포위망을 완전히 형성하기 전이었다. 김일성은 선제 기습과 야간 기습을 결합한 공세적인 전법을 구사하기로 했다. 곰의골 입구는 병목처럼 좁고 양쪽 비탈이 벼랑이어서 매복과 타격에 유리한 지형이었다.

김일성은 제7연대 제2중대와 제4중대를 양쪽 고지에 매복시켰다. 한편, 일부 대원에게는 골짜기 안쪽에서 장작불을 피우고 노래를 부르며 적을 유인하라는 명령을 내렸다. 일본군 제19사단 소속 기마 정찰병 30명이 가장 먼저 골짜기 입구에 나타났고 안쪽에서 들려오는 소리에 삼개골 본대에 연락했다.

1936년 11월 12일 오후 5시, 기병 장교들을 선두로 내세운 500명의 적군이 진입했고 뒤이어 말들이 박격포를 싣고 따라왔다. 100명 남짓한 유격대가 양측 고지에서 일제히 집중 사격을 퍼붓자 다수의 병력이 즉시 쓰러졌다. 남은 적들은 허겁지겁 도주했고 유격대는 저항하는 병력을 소탕한 뒤 어둠을 틈타 신속히 철수했다.

다음 날 김일성은 오중흡을 책임자로 한 야간 습격조를 편성하여 적의 증원 부대가 머무는 숙영지로 파견했다. 오중흡은 보초병을 생포해 병력 배치 상황을 파악한 뒤 밤 10시경 순찰병으로 위장해 숙영지에 침투했다. 그는 일본군 장교들이 머무는 천막을 목표로 기습 사격을 퍼부었고 당황한 적군은 신발도 신지 못한 채 헛총질을 하며 허둥댔다. 오중흡 부대는 무사히 철수했고 적군은 공황 상태에서 서로 총격을 가해 떼죽음을 당하거나 혹한 속에 얼어 죽었다. 일제는 위만군 내부에 조선인민혁명군과 내통한 자가 있다고 판단해 일부 장교들을 총살했다.

조선인민혁명군은 주력 부대를 여러 소부대로 나누어 유격 활동을 전개했다. 11월 14일부터는 장백현 15도구, 19도구 일대에서 군사 및 정치 활동을 벌였고, 11월 20일 밤에는 14도구 시가지를 습격했다. 이어 11월 25일에는 20도구와 13도구 도천리 상촌 일대에서 동시 전투를 벌였다. 대부대와 소부대 활동을 긴밀히 결합하거나 동쪽에서 소리를 내고 서쪽을 치는 방식으로 일제의 시선을 분산시켰다. 조선인민혁명군은 이러한 유동적 전술로 적의 대토벌 작전을 무력화시켜 나갔다.

홍두산 전투

1937년 2월 14일, 조선인민혁명군 부대가 횡산 밀영에서 설을 보내고 다음 날 홍두산 밀영으로 돌아왔다. 그런데 갑자기 전방 경계소에서 총성이 울렸다. 유격대가 눈보라 속을 뚫고 은밀히 접근하는 적을 발견했을 때 이미 적군은 망원초 고지에 거의 도달한 상태였다. 흰 포대기를 뒤집어쓰고 총신까지 흰 붕대로 감아 위장한 병력은 약 500명에 달했다.

당시 유격대는 이두수 중대와 김일성을 호위하는 기관총수를 포함해 고작 20여 명뿐이었다. 김일성은 즉시 남쪽 능선을 선점하라고 지시했고 이두수 중대장에게는 망원초 대원들을 철수시키되 반드시 칼능선을 따라 후퇴하라고 명령했다. 칼능선은 한 걸음만 헛디뎌도 깊은 골짜기로 떨어질 수 있는 좁고 가파른 외통길이었다. 하지만 그 위에서는 적을 내려다보며 타격할 수 있는 유리한 위치였다.

유격대는 적을 칼능선 아래로 유인했고 적이 매복 구역에 진입하자 집중 사격을 퍼부어 단숨에 많은 사상자를 냈다. 그러나 적은 수적 우세를 믿고 기관총의 엄호 아래 계속 능선을 오르려 했다. 낭떠러지로 떨어지거나 총탄에 쓰러지면서도 짐 운반에 동원된 주민들을 방패 삼아 기어 올라왔다. 계속 사격할 경우 민간인 피해가 불가피해지자 김일성은 돌격 명령을 내렸다. 치열한 백병전이 벌어졌고 결국 골짜기로 몰린 일본군은 전원 거의 살상되었다.

라와 전법

홍두산 전투 이후 조선인민혁명군 주력 부대는 장백현 하강구 방면으로 이동했다. 도천리 상촌으로 향하던 중 요방자 근처에서 도천리 지하 조직 성원으로부터 '정안군이 결판을 내려 한다며 사령부를 뒤쫓고 있다'는 소식을 들었다.

요방자에서 도천리로 가려면 가시나무와 갈대, 억새가 뒤엉킨 30리의 좁은 오솔길을 지나야 했다. 이 길을 지나던 중 가시에 눈을 찔린 전령병을 본 김일성은 한 가지 계책을 떠올렸다.

'이 30리 좁은 길에 적을 끌어들인다면 외줄로 행군할 수밖에 없겠지. 그 틈에 우리가 매복해 있다가 행렬을 끊어 타격한다면 승산이 있겠군.'

김일성은 오중흡에게 지시했다.

"적을 오솔길로 유인해서 행렬을 끊어 타격하라."

오중흡 부대는 적의 종대가 나타나자 사격하는 척하며 가시덤불 쪽으로 유인했다. 그 길에 들어선 적은 대오가 분리되고 움직이기도 어려운 상태가 되었다. 이 틈을 타 유격대가 일제 사격을 퍼부었고 많은 사상자를 냈다. 남은 적들도 도천리 방향으로 도망쳤다.

잠시 뒤 도천리 지하 조직에서 연락이 왔다.

"정안군 부대는 유격대가 야습할까 봐 서둘러 떠나려고 합니다."

사령부는 지하 조직에 적의 출발을 최대한 지연시키라는 지시를 내렸다. 이에 조국광복회 조직원이었던 정동철 구장은 일부러 능청을 떨며 시간을 끌었다.

"정안군 어른들이 모처럼 우리 마을에 오셨는데 어찌 대접을 소홀히 하겠습니까?"

그는 닭을 잡고 쌀을 찧어 손님 대접에 나섰다. 정안군이 식사를 마치고 마을을 떠나려 할 즈음 유격대는 이미 매복을 마친 상태였다. 도천리 입구의 억새 언덕 위에는 쓰러진 정안군의 주검이 널려있었다.

이후 조선인민혁명군은 부후물 골짜기로 이동해 남만 지역 동북항일연군 제1군 제2사단과 연합 전투를 준비했다. 연합 부대는 이명수와 북수골물 합류 지점에 매복 진지를 구축했다. 적군이 매복권에 들어서자 유격대는 일제 사격을 퍼부었다. 격렬한 교전 끝에 100여 명의 적이 전사하고 2개 중대가 투항했다. 유격대는 이 전투에서 경기관총 3정, 보병총 150정, 권총 30여 정을 노획했다. 이 전투는 훗날 이명수 전투로 불렸다.

조선인민혁명군의 이런 전투 방식을 일본군은 라와 전법이라 불렀다. 라와는 '라망'의 중국식 발음으로 하늘과 땅 어디에도 빠져나갈 수 없는 포위망, 즉 '함정'을 뜻한다. 라와에 걸리면 절대 빠져나올 수 없다는 공포심은 일본군과 만주국 군경 사이에 마치 열병처럼 퍼져갔다.

당시를 회고하며 김일성은 이렇게 말했다.

"세계 전쟁사에는 수천수만, 아니 수십만의 사상자를 낸 대결전도 많다. 그러나 우리가 투입한 병력은 고작 수백 명에 불과했고 적의 피해도 백에서 천 단위였다. 그럼에도 조선인민혁명군의 정신력은 적을 압도했다. 적을 정신적으로 제압하면 승리는 반드시 따라오는 법이다. 우리가 장백 땅에서 치른 혈전의 흔적이 더욱 소중한 이유가 여기에 있다."

속속 건설되는
지하 혁명 조직

이제순과 조국광복회 장백현 위원회

조선인민혁명군 주력 부대는 밀영을 건설하면서 조국광복회 조직 확대에도 박차를 가했다. 조직망 건설의 첫 대상지는 장백 지역과 국내의 갑산 지역이었다. 조직을 만들려면 무엇보다 인재를 발굴하는 일이 중요했다.

어느 날 중대장 이동학이 이제순이라는 인물을 데리고 사령부를 찾았다. 이제순은 20도구 신흥촌의 촌장이자 야학 선생으로 마을 주민들의 깊은 신뢰를 받고 있었다. 이동학이 며칠 동안 유격대 식량을 마련해 달라고 요청하자 이제순은 대원들이 한 짐씩 지고도 남을 만큼의 식량을 순식간에 준비해 밀영까지

가져다주었다. 밀영에 머무는 동안 그는 조선인민혁명군의 출판물을 열심히 읽고 유격대원들을 따라다니며 무기 분해 및 조립법과 방위 판정법까지 익혔다.

이제순은 빈농의 아들로 태어나 독학으로 중등 교육을 마친 사람이었다. 고향에서는 소년회와 청년동맹 활동에 참여했으나 신변에 위협을 느껴 1932년 초 처가가 있는 갑산으로 이주했다. 그곳에서는 박달을 비롯한 선각자들이 혁명운동을 펼치고 있었으며 이제순도 그들과 함께 비밀 독서회를 결성해 새로운 사상을 연구하고 올바른 투쟁 방향과 지도자를 찾기 위해 노력했다. 그러던 중 1934년경 조선인민혁명군이 장백 지역에 나타났다는 소문을 듣고 장백현 신흥촌으로 이주했다.

그는 국내 인사 가운데 처음으로 만주의 무장투쟁과 국내 정치 투쟁의 연계를 중요하게 인식하고 실천에 나선 인물이었다. 김일성은 이제순에게 조국광복회 조직을 맡기며 민족해방혁명의 노선과 전략 및 전술을 직접 강의해 주었다.

"쌀 한 말을 지고 왔다가 몇 섬이나 되는 혁명적 양식을 지고 갑니다. 지역을 하나 맡겨주시면 그 안에 있는 조선 사람들이 사는 마을마다 조국광복회 조직을 세우겠습니다."

이제순은 이렇게 다짐하며 신흥촌으로 돌아갔다.

그는 곧 장백현 상강구 지역에서 조국광복회 조직 결성에 착수했다. 1936년 가을, 신흥촌에 조국광복회 지회가 결성되었고 이는 백두산 서남쪽에 만들어진 최초의 조국광복회 조직이었다. 이후 그는 권영벽과 함께 상강구를 중심으로 주경동, 약수동, 대사동, 평강덕 등지에 조직을 확대해 나갔다. 각 지회 산하에는 여러 개의 분회가 설치되었고 반일청년동맹이나 부녀회 같은 외곽 단체를 만들어 각계각층을 폭넓게 포섭해 나갔다. 불과 반년 만에 백두산 밀영을 둘러싼 대부분의 마을에 조국광복회 조직이 촘촘한 그물망처럼 구축되었다.

이 조직망은 장백현의 선진 청년과 지식인, 종교인들 속에도 깊이 뿌리내렸고 만주국 관공서와 경찰 기관 심지어 정안군 부대 내부에도 비밀리에 침투했다. 1937년 초 무렵에는 장백현 거의 모든 마을이 유격대 마을이 되었고 각 촌락의 구장과 촌장들도 유격대 활동을 적극 지원했다. 이주익 면장은 가짜 민적과 도강증을 만들어 조선인민혁명군이 압록강을 자유롭게 넘나들 수 있도록 도왔다.

장백현의 상강구, 중강구, 하강구 전 지역에 구 위원회가 구성되었고 1937년 2월 횡산 밀영에서는 이제순을 책임자로 하는 조국광복회 장백현 위원회가 공식 출범했다.

박달과 국내 당 공작위원회

김일성이 청년 시절 결성한 건설동지사 이후 1930년대 전반기까지 국내의 공산주의 당 조직은 주로 온성, 종성 등 두만강 연안 지역에만 존재했을 뿐이었고 당 건설의 중심 무대는 동만 지역이었다. 1934년 이후 조선인민혁명군 당 위원회가 결성되면서 무장투쟁과 정치 투쟁을 통일적으로 이끄는 구심점이 되었고 만주와 국내를 아우르는 당 건설운동의 기관차 역할을 했다. 국내 당 건설 사업이 본격적으로 논의되기 시작한 계기는 1936년 5월의 동강 회의였다. 이 회의에서는 견실한 국내 공산주의 혁명가를 발굴하고 조국광복회 조직을 확대하기 위한 선결 과제로 국내 당 공작위원회 설치를 결정했다.

김일성은 국내에 당 조직을 건설할 만한 혁명가를 찾던 중 이제순의 소개로 박달을 만났다. 박달은 갑산공작위원회라는 비밀 혁명 조직의 대표였다. 본명은 박문상이었지만 이웃들은 그를 '박달나무처럼 단단하다'며 '박달'이라 불렀고 그 별명이 이름처럼 굳어졌다.

박달이 갑산공작위원회를 조직하는 과정은 순탄치 않았다. 갑산 지역의 다른 공산주의자들이 "당 중앙이 없는 조건에서 반일 투쟁을 굳이 확대할 필요가 없다"고 비관적으로 말하자 그는 이렇게 반박했다.

"우리가 갑산군의 반일운동을 조직해 전국적인 반일운동으로 발전시켜야 합니다. 그래야 훗날 공산당이 조직되더라도 당 중앙이 우리 지역의 운동을 쉽게 지도할 수 있습니다."

1936년 12월 말, 김일성과 박달은 곰의골 밀영에서 만나 장시간 대화를 나누었다. 그들은 혁명 조직의 방향과 정체성 등 중요한 쟁점들을 논의했다.

박달은 김일성에게 이렇게 질문했다.

"국내 혁명가들 사이에선 장군님이 조선인이긴 하지만 중국 혁명을 하는 사람이고 장군님의 부대도 조선인들로 구성되었지만 중국군 소속이라는 말이 있습니다. 그 점에 대해 직접 듣고 싶습니다."

김일성은 이렇게 대답했다.

"그런 의문을 갖는 건 당연합니다. 출판, 보도계에서는 우리가 이끄는 부대를 동북항일연군 제2군 제6사라고 부르기도 합니다. 하지만 우리 부대를 단순히 중국군으로 보는 것은 사실과 다릅니다. 동북항일연군은 중국 동북 지방에서 활동하는 여러 항일 유격부대의 연합체입니다. 공산당 계열의 중국인 부대, 구국군 계열 반일 부대 그리고 조선 공산주의자들의 항일 유격대가 함께하고 있지요. 우리는 일본 제국주의라는 공동의 적, 민족 해방이라는 공동의 목표, 동북이라는 공동 무대를 바탕으로 조중 민중의 우호와 무장 연합을 이루어낸 것입니다. 하지만 이 연합군 체계 안에서도 각 민족 군대의 자주성과 독자성은 철저히 존중됩니다. 조선인민혁명군은 중국 혁명을 돕는 동시에 조선 혁명에 주력하며 독자적으로 활동해 왔습니다. 창건 이래 조선 민중의 해방을 위해 싸워온 조선의 민족 군대입니다. 중국인이 많은 지역에서는 동북항일연군이라 불리지만 조선인이 많은 지역에서는 조선인민혁명군이라 부릅니다."

이후 1936년 12월 31일 곰의골 밀영에서 열린 조선인민혁명군 당 위원회 회의에서 국내 당 공작위원회가 공식 결성되었다. 김일성이 책임자, 김평과 박달이 위원으로 선출되었으며 이 조직은 국내 당 건설과 독립운동을 통일적으로 지도하는 기구로 활동하게 되었다.

박달은 자신이 이끌던 갑산공작위원회를 조국광복회 산하 조직인 조선민족해방동맹으로 개편했다. 1937년 늦여름부터는 국내 당 공작위원회 위원인 김평, 권영벽, 정일권, 김주현, 마동희, 김정숙, 백영철, 이동학, 최경화, 김운신, 이창선, 이경운, 리병선 등이 참여한 정치 공작대가 북부 조선 각지로 파견되었다. 이들은 각지에서 당 조직을 세우고 군중 사업을 전개하며 국내 혁명운동을 실질적으로 뒷받침했다. 이 정치 공작대는 훗날 북선 정치 공작대로 불리게 되며 북부 조선 전역을 혁명화하고 국내 당 조직 건설을 직접 지원함으로써 조선 혁명의 새로운 지평을 열었다.

조국광복회 건설 초기 과정

백두산 기슭에서 시작된 조국광복회 건설운동은 곧 만주 전역은 물론 조선의 삼천리 방방곡곡으로 거세게 퍼져나갔다. 조선인민혁명군 대원들이 먼저 조국광복회에 가입해 각계각층 군중의 가입을 이끄는 선봉이 되었다. 조직은 시범 단위를 먼저 꾸린 뒤 이를 모체로 사방으로 확대하는 방식으로 건설되었다.

회원 3명 이상이면 분회, 분회 3개 이상이면 지회, 지회 3개 이상이면 구회, 여러 구회가 모이면 현조직을 구성했다. 적의 군대, 경찰, 관공서 등에서 비밀리에 활동한 인물들은 조국광복회 특수회원으로 불렸다. 1936년 가을 왕청, 화룡, 훈춘, 연길 등 동만의 여러 현에서 조직이 뿌리를 내리기 시작했고 남만에서는 동강 회의 참여자들이 중심이 되어 반석, 화전, 통화, 집안, 몽강, 환인, 관전, 휘남 등에 조직을 세웠다.

북만에서는 창립 직후 당 사업을 맡은 김경석에게 조국광복회 창립선언문과 10대 강령이 전달되었다. 민생단 혐의로 고통받던 그는 다홍왜 회의 소식을 듣고 눈물을 흘릴 정도로 열정적인 인물이었다. 이후 주보중 부대에서 활동하며 조국광복회 강령을 북만 조선인 병사들에게 널리 알리고 지부를 결성했다. 주보중도 제5군 군장 자격으로 이를 적극 지원해 방정, 발리, 탕원, 요하, 녕안, 액목, 밀산 등지로 조직이 확산되었다. 김책은 10대 강령을 목판에 새겨 수백 부를 인쇄해 항일연군부대와 혁명 조직에 널리 배포했다.

일제는 조국광복회 조직이 국내로 퍼지는 것을 막기 위해 탄압을 강화했다. 조선인민혁명군과 연계될 수 있다고 판단되는 단체나 인물은 모두 표적이 되었다. 조선인민혁명군이 압록강 근방에서 전투를 벌이면 적들은 국경 일대 민중의 접근을 철저히 통제했다. 하지만 민중은 궁금증을 참지 못하고 온갖 구실을 만들어 강을 건넜다. 조선인민혁명군의 전과를 확인하려는 도강자는 점점 늘어났다.

국경 일대의 조국광복회 조직은 권영벽, 이제순, 박달, 박인진 등의 주도로 이루어졌다. 장백현 주경동 지회는 갑산군 강구리 지회 설립의 핵심 역할을 했다. 주경동 일꾼들은 매일 도시락을 들고 압록강을 건너가 밭일하던 농민들을 설득했고 이에 설득된 농민은 귀향 후 지회를 조직했다. 운흥면 백암리 지회와 삼수 지구 조직도 장백현의 주도 아래 결성되었다.

조직 건설이 가장 활발하게 이루어진 곳은 풍산이었다. 영남에서 농토를 빼앗기고 북상한 화전민들과 허천강 발전소 공사장 인부 수천 명이 이곳에 몰려있었으며 이들은 통일전선의 핵심 기반이 되었다. 풍산에는 천도교도 수백 명과 애국적인 기독교도들도 있었는데 조국광복회 조직이 확대되면서 백두산 근거지를 개마고원 일대로 넓힐 수 있었고 후치령 동쪽으로도 기반을 마련할 수 있었다.

박인진, 이창선, 이경운 등 천도교 계열 인사들은 장백에 머물며 조선인민혁명군의 정치적 지도력을 기다리던 풍산 출신 애국자들이었다. 이창선이 먼저 입대했고 그의 주선으로 박인진이 통일전선에 참여했으며 이경운은 개마고원 일대 정치공작원으로 파견되었다. 이경운은 수전 공사장에서 활동하며 1937년 봄 풍산지회를 조직했고 박인진과 함께 천도교 청년들을 모아 생산유격대를 결성했다. 같은 해 여름, 김정숙의 지시로 파견된 김유진은 공사장의 핵심 노동자들과 함께 배상개덕지회를 세웠다.

함경북도에서는 연사와 무산이 조국광복회 운동의 중심지로 떠올랐다. 1930년대 후반, 조선인민혁명군이 올기강 유역에서 활발히 활동하면서 연사와 무산 지역에 자주 소조를 들여보냈고 그때마다 조직이 결성되었다.

보천보 전투

다시 북쪽으로

무송 원정

이명수 전투 이후 조선인민혁명군 주력 부대는 북쪽 무송으로 향했다. 무송은 국내 방향이 아닌 오히려 그 반대편인 북쪽에 있었다. 김일성이 무송 원정을 지시했을 때 유격대원들은 당황함을 감추지 못했다. 당시 유격대는 사기가 하늘을 찌를 듯했고 압록강을 건너 조국으로 진격할 날만을 손꼽아 기다리고 있었기 때문이다.

"갑자기 북쪽으로 간다고? 서간도와 백두산을 등지고 왜 반대 방향으로 가는 거지?"

하지만 무송 원정에는 분명한 이유가 있었다. 국내 진공 작전을 성공시키려면 서간도에 집중된 일제의 토벌 병력을 분산시켜야 했다. 주력 부대가 자리를 비우면 적들은 그 움직임을 쫓을 수밖에 없고 그 틈에 국경 일대의 경비는 허술해진다. 바로 그 기회를 이용해 국내 진공의 유리한 조건을 만들려는 전략이었다.

1937년 3월, 무송을 향한 원정이 시작되었다. 첫날부터 고된 행군이 이어졌다. 3월 초였지만 백두산 일대는 여전히 눈보라가 휘몰아치고 눈이 깊이 쌓여있었다. 고개 하나를 넘지 못하고 중턱에서 야영하는 날도 많았다. 천막조차 칠 수 없어 눈을 파 구덩이를 만들고 그 안에 나무껍질이나 노루 가죽을 깔고 배낭에 몸을 기대어 밤을 지새웠다. 눈이 얼마나 깊었던지 한 유격대원이 잃어버린 신발이 몇 달 뒤 이깔나무 꼭대기에서 발견되기도 했다.

단두산 전투

유격대가 만강을 따라 행군하던 중 몰래 뒤를 쫓던 두 명의 목재소 노동자를 통해 중요한 정보를 입수했다. 단두산 인근 목재소의 병실과 노동자 합숙소에 약 300명의 산림경찰대가 숨어 있다는 것이었다. 300명의 적이 잠복해 있는 곳을 공격하는 건 위험한 일이었지만 식량이 절박한 상황에서 목재소를 공격하는 것은 불가피했다.

김일성은 제7연대와 제8연대에서 습격조와 물자 운반조를 선발했다. 1937년 3월 7일, 습격조는 목재소에 은밀히 접근해 병실을 포위한 뒤 기관총으로 일제 사격을 가했다. 병실에서 자고 있던 적군은 대부분 현장에서 사살되었다. 그러나 곧 노동자 합숙소에서 700~800명에 달하는 적 병력이 몰려나왔다. 전날 밤 산림 철도를 통해 급파된 증원 부대가 그곳에 주둔하고 있었던 것이다.

예상치 못한 대규모 병력의 출현에 유격대는 즉시 전술을 전환했다. 습격조는 적의 진격을 막으며 전투를 이어갔고 물자 운반조는 창고로 돌진해 식량을 확보하려 했으나 이미 창고는 텅 비어있었다. 조선인민혁명군의 습격을 우려한 목재소 측이 쌀을 저장고에 두지 않고 옮겨놓았기 때문이다. 어쩔 수 없이 식량 대신 적들이 끌고 온 소 20여 마리를 노획해 철수했다.

제7연대 오중흡 부대가 적을 견제하는 동안 주력 부대는 단두산 동쪽 고지로 이동했다. 동쪽 고지는 쌍봉(雙峰)으로 이루어져 있었고 서쪽에는 넓은 갈대밭이 펼쳐져 있었다. 김일성은 갈대밭을 향해 있는 능선에 부대를 배치하고 진지를 구축해 적의 접근을 기다렸다.

3월 8일 새벽, 오중흡 부대를 뒤쫓던 적군이 갈대밭에 진입하자 매복 중이던 유격대는 능선에서 기관총으로 집중 사격을 퍼부었다. 치열한 매복전 끝에 적군 약 300명이 전사했고 유격대는 경기관총 2정과 다량의 탄약 및 무기를 노획했다. 이 전투가 바로 단두산 전투이다.

소탕하 일행천리 전술

조선인민혁명군 주력 부대는 식량을 확보하기 위해 소탕하 밀림 속에 있는 제4사 후방 밀영으로 이동했다. 그런데 이곳에서 심각한 사건이 벌어졌다. 밀영에는 술이 있었고 일부 유격대원들이 김일성의 허락 없이 몰래 술을 마셨다. 지친 상태에서 마신 술은 금세 취기를 불러왔고 다음 날 아침 수백 명의 위만군이 밀영을 포위하는 사태가 벌어졌다.

"누구냐?"

보초병의 물음에 위만군은 태연하게 되물었다.

"우리는 제4사 부대다. 너희는 김사령 부대냐?"

"그런가? 너희는 어디서 오는 길이야?"

보초병의 어설픈 대응에 위만군은 한술 더 떴다.

"정말 김사령 부대가 맞다면 대표를 보내라."

조선인민혁명군은 인접 부대를 만날 때 대표를 보내는 관례가 없었지만 보초병은 이를 의심 없이 받아들이고 한 대원을 대표로 내보냈다. 그 사이 위만군 토벌대는 유리한 위치를 선점하고 포위망을 바짝 좁히며 능선을 장악한 뒤 본격적인 공격을 감행했다.

김일성은 고지를 선점하라고 명령했지만 여전히 술기운이 남은 일부 대원들의 반응은 느렸다. 다행히 경위 중대 기관총수의 지원 사격 덕분에 주력 부대는 가까스로 포위망을 뚫고 빠져나와 하루 종일 격전을 벌였다. 전투는 승리로 끝났고 수백 명의 적을 살상했지만 제8연대 정치위원 김산호, 사격 명수 김확실 등 귀중한 전우 몇 명을 잃고 말았다.

하지만 진짜 위기는 그다음이었다. 적군은 철수하지 않고 병력을 계속 증강하며 조선인민혁명군을 소탕하 골짜기 안으로 몰아넣으려 했다. 고지에서 내려다본 골짜기에는 수십 리에 걸쳐 끝없는 우등불의 불길이 이어지고 있었다. 500명도 채 되지 않는 병력으로 수천 명의 적과 맞서 싸운다는 것은 사실상 전멸을 각오해야 하는 상황이었다. 일부 지휘관들은 죽음을 무릅쓰고 정면 돌파를 하자고 주장했지만 김일성은 신중하게 판단했다. 주력 부대가 전멸하는 것은 단순한 전투의 실패를 넘어 민족해방혁명 전체의 운명과 직결되는 일이었다.

그는 깊은 고민 끝에 새로운 결단을 내렸다.

'적은 우리가 더 깊은 밀림으로 도망칠 거라 예측할 것이다. 하지만 이처럼 병력을 총집중한 상황에서는 오히려 그 배후, 즉 마을과 큰길이 비어있을 것이다. 바로 그 틈을 노려야 한다.'

"죽기를 각오하는 것은 좋지만 누구도 죽어서는 안 된다. 우리에게는 살 길이 있다. 소탕하 수림 지대를 버리고 주민 지구로 나가자. 큰길을 따라 동강 쪽으로 이동하는 것이 나의 결심이다."

주력 부대는 불길을 피해 적막한 큰길로 조용히 빠져나갔다. 길 위에는 개미 한 마리조차 보이지 않았고 유격대는 마치 궤도 위를 달리는 급행열차처럼 동강 방향으로 행군했다.

당시 적군은 일본, 만주국, 독일의 기자단까지 불러 모아 놓고 "김일성 부대는 자루 속 쥐"라며 호언장담했다. 그러나 유격대가 자취를 감추자 "300명 정도가 도주했다"는 식의 궁색한 변명밖에 내놓을 수 없었다. 적군 내부에서는 유언비어가 퍼지기 시작했다.

"조선 빨치산에는 제갈량을 찜쪄먹을 도사가 있다더라."

마을 사람들 사이에서도 조선인민혁명군의 신출귀몰한 활약은 전설처럼 회자되었다.

서강 회의

전투를 마친 조선인민혁명군 주력 부대는 전열을 재정비하기 위해 동강 밀영으로 들어갔다. 이곳에서 무송 원정의 성과를 정리하고 조만간 단행할 국내 진공 작전을 계획한 뒤 1937년 3월 말에는 서양목정자 밀영으로 이동해 사흘간 서강 회의를 열었다.

서강 회의에는 동북항일연군 제2사와 제4사의 간부들만 아니라 위증민, 조아범 등 중국 측 간부들도 함께했다. 핵심 의제는 국내 진공 작전으로 각 부대의 역할과 활동 방침을 구체적으로 조율했다. 제4사 최현 부대는 무송-안도-화룡을 거쳐 두만강 연안의 무산 지역으로 진격하고, 제2사 부대는 임강과 장백 일대 압록강 연안으로 진출하며, 김일성의 주력 부대는 압록강을 건너 일제 국경 경비의 핵심 거점인 혜산을 타격하기로 결정했다.

먼저 금창 부근에 도착한 최현 부대는 적의 습격에 대비해 1개 중대를 차단조로 보내고 본대는 강물이 불어난 대사하를 건너기 위해 다리를 놓으며 잠시 휴식을 취하고 있었다. 이때 갑자기 일제의 악명 높은 이도선 토벌대가 습격해 왔다. '가난한 자는 다 공산당 편'이라는 말로 민간인을 무자비하게 학살하던 이도선은 마을에 불을 지르고 사람을 죽이는 데 주저함이 없는 인간 백정으로 악명이 높았다.

이도선 토벌대가 30~40미터까지 접근해 사격을 퍼붓자 최현 부대는 수류탄을 던지고 돌격전을 벌이며 응전했다. 적이 물러나기 시작하자 매복 중이던 차단조가 퇴로를 끊어 결국 이도선 토벌대를 전멸시켰다. 이 전투는 당대 신문에 대서특필되며 대중의 이목을 집중시켰다.

성과를 거둔 최현 부대는 신속히 움직여 5월 15일 밤 은밀히 두만강을 건넜다. 안전한 철수를 위해 류경수 소대는 붉은 바위 고지 남쪽 능선에 배치되어 도하장을 엄호했으며 또 다른 차단조는 삼수평 방향으로 파견되었다. 밤 12시 최현 부대는 붉은 바위 마을 주재소를 기습해 적을 물리쳤다. 이 전투에서 물자 운반조는 창고에 있던 식량, 천, 신발 등을 주민에게 나누어주고 일부는 부대에 이송했다. 정치 공작조는 조국광복회 10대 강령과 조선인민혁명군의 투쟁 성과를 전하며 민중에게 해방의 희망을 전파했다.

5월 17일 밤, 화룡현 곰의자리에 나타난 적 부대를 격파한 최현 부대는 다시 국내로 진입했다. 삼지연을 지나 베개봉 일대에 도착한 부대는 주민들을 대상으로 정치 활동을 펼쳤고 5월 20일에는 목재소를 습격해 또 한 차례 전과를 올렸다.

최현 부대가 국내에서 활발히 활동하자 일제는 크게 당황했고 5월 21일부터 27일까지 대대적인 수색 작전에 돌입했다. 한편 무송, 임강, 장백 일대에 진출한 동북항일연군 제2사 부대 역시 여러 개의 소부대로 나뉘어 적극적으로 활동했고 이에 대응해 적은 장백현 13도구에 기병대와 박격포 부대를 증강 배치하며 경계 태세를 강화했다.

보천보의 햇불

5월 중순, 김일성 부대는 지양개 등판에 도착했다. 이제 대부대가 국내에 진입해 혜산을 공격하기만 하면 되는 상황이었다. 그때 국내 정세를 점검하기 위해 박달을 불렀는데 그는 국경 경비대 병력이 최현 부대가 있는 무산 쪽으로 몰려가고 있다는 급보를 전했다. 그렇게 되면 최현 부대는 고립된 채 적의 포위망에 갇힐 위험에 놓이게 된다.

지휘부 내에서는 격론이 벌어졌다. '먼저 최현 부대를 구출하자'는 의견과 '원래 계획대로 혜산을 타격하자'는 입장이 팽팽히 맞섰다. 이때 김일성이 묘안을 제시했다.

"반드시 국내로 진공해야 한다. 동시에 시급히 최현 부대도 구해야 한다. 국내 진공을 중시한다고 혁명 동지를 사지에 내몰 수는 없다. 출로는 어디에 있는가? 국내의 한 지점을 타격해야 두 가지 목적을 모두 달성할 수 있다. 적의 역량이 집중된 베개봉 아래에 바짝 붙은 고장을 치면 효과를 극대화할 수 있다. 그곳은 바로 혜산과의 중간 지점인 보천보다. 보천보를 장악하면 베개봉 쪽에 몰려있던 적들이 우리와 최현 부대에 역포위될 수 있다는 위기감을 느끼고 철수할 것이다. 또한 보천보를 타격하는 것은 혜산 못지않은 충격을 국내에 줄 수 있다. 문제를 풀 수 있는 열쇠는 바로 보천보다."

이에 따라 국내 진공의 목표 지점은 혜산에서 보천보로 변경되었다. 6월 초, 새 군복을 갖춰 입은 유격대는 지양개를 떠나 구시산이 내려다보이는 지점에 도착했다. 6월 3일 새벽, 대원들은 제비등판에 올라 조국을 바라보며 마음을 다잡았다. 두만강과 압록강을 건너 항일 무장투쟁에 나선 지 수년, 마침내 고향 땅을 향한 첫걸음을 내딛으려 하고 있었다.

선발조는 뗏목을 만들어 구시물동에서 압록강 도하 준비를 마쳤고 그날 밤 전 부대가 강을 건넜다. 적들이 4중 경계를 세운 국경이었지만 거센 물소리가 도하 작전을 은폐해 주었다. 부대는 수림이 우거진 곤장덕에 올라 다음 날 새벽을 대비했다.

농민으로 위장해 시내 동정을 정탐하고 포고문과 격문을 준비한 유격대는 날이 저물자 시내로 진입했다. 김일성은 거리 초입의 황철나무 아래를 지휘처로 삼았다. 지휘관들이 안전을 우려해 더 떨어진 곳을 권했지만 그는 전황을 직접 파악하겠다며 거부했다.

김일성은 그 당시 상황을 다음과 같이 회고했다.

"정각 10시, 나는 권총을 높이 들고 방아쇠를 당겼다. 10여년간 조국의 동포들에게 전하고 싶었던 모든 이야기가 그 한 발의 총성에 실려 거리로 울려 퍼졌다. 그것은 조국 앞에 드리는 상봉의 인사였고 강도 일제를 처단하는 출정의 신호였다."

첫 타격 대상은 경찰 주재소였고 이어 적들이 많이 모여있던 산림 보호구를 타격했다. 순식간에 면사무소, 우체국, 산림 보호구, 소방회관 등 일제의 통치 기관들이 불길에 휩싸였다.

유격대원들의 구호를 듣고 몰려나온 사람들 앞에서 김일성은 연설했다.

"조국의 광복을 위하여 억세게 싸워나갑시다!"

4부. 조선인민혁명군, 독립전쟁의 주체로 서다

° 혜산에 있는 보천보 전투 승리 기념탑

조국광복회 10대 강령과 〈조선 민중에게 알린다〉는 격문이 뿌려지자 사람들은 환호성과 함께 만세를 외쳤다.

보천보 전투는 비행기나 탱크 없이 이루어진 평범한 습격 전투였지만 그 전개 방식은 유격전의 정수를 보여주었다. 목표 설정, 시점 선택, 기습 타격, 방화를 통한 심리적 충격, 정치 선전까지 모든 요소가 치밀하게 결합된 입체적인 전투였다.

일제의 통치가 철저히 유지된다고 여겨지던 국내에 유격대가 진입해 면 소재지를 타격하고 통치 기관들을 불태우자 일제는 큰 충격에 빠졌다. 국내 신문들도 일제히 보천보 전투를 보도했다. 여운형은 이 소식을 듣고 혹시 조선인민혁명군 관계자를 만날 수 있을지 모른다며 직접 현장으로 달려갔다고 한다.

1937년은 중일전쟁 발발 전후로 식민 통치가 더욱 강화되고 국내 민족운동이 탄압 속에 침체하던 시기였다. 이때 터진 보천보 전투는 민족 해방의 불씨를 다시 지펴주었다.

"조선 사람은 죽지 않고 살아있다. 일제에 맞서 싸우면 승리할 수 있다."

보천보의 불길은 전국 곳곳에 이런 확신을 퍼뜨렸다.

전투를 마친 유격대는 곤장덕으로 빠져나왔다. 대원들은 조국의 흙을 한 줌씩 배낭에 담았다. 한 줌 조국의 흙, 그것은 유격대원들에게 심장과도 같은 것이었다.

김일성은 곧 있을 적의 추격을 예상하고 부대를 구시산으로 이동시켜 전투를 준비했다. 곳곳에 돌무더기를 쌓아 돌싸움을 준비하고 대원들은 주먹밥으로 아침을 해결했다. 예상대로 뒤따라온 적이 진지 아래까지 접근하자 기관총이 일제히 불을 뿜었다. 고지를 향해 기어오르는 적들에게 유격대원들이 굴린 돌은 결정타가 되었다.

구시산 전투 이후 국내 진공 작전을 위해 세 갈래로 나뉘었던 유격부대는 1937년 단옷날 지양개 마을에 모여 주민들과 함께 승리를 기념하는 군민 연환대회를 열었다.

〈아리랑〉이 울려 퍼진 간삼봉 전투

보천보 전투 이후 충격에 빠진 일본군은 유격대의 퇴로가 될 만한 지점마다 토벌대를 배치했다. 유격대는 적의 눈앞인 팔반도에서 새로운 대전을 준비하고 있었다. 그때 혜산에 잠입해 있던 연락원이 긴급한 소식을 전해왔다. 함흥 제74연대가 수십 대의 차를 타고 혜산에 도착했으며 압록강을 건너기 시작했다는 내용이었다. 지휘는 조선인 출신 장교 김석원이 맡고 있었다. 그는 함흥역에서 출정식을 열고 천황에게 충성을 맹세한 뒤 김일성 부대를 반드시 섬멸하겠다고 호언장담했다고 한다. 혜산과 신파를 떠날 때는 주민들을 강제로 환송식에 동원했고 일본인 유지들과 재향 군인들은 일장기를 흔들며 노래를 불렀다는 말도 전해졌다.

토벌대 병력은 2,000명으로 유격대 주력보다 3배가 넘는 수였다. 유격대는 일반적으로 대부대와의 정면충돌을 피하고 유격전을 벌이지만 김일성은 이번만큼은 간삼봉에서 정면 승부를 결심했다.

1937년 6월 30일 아침, 함흥 제74연대가 간삼봉을 향해 진격해 왔다. 새벽부터 가랑비가 내리고 안개까지 자욱했지만 일본군은 위만군을 앞세워 돌격했다. 유격대는 협곡마다 적을 유인해 격전을 벌였다. 그러나 일본군은 전사자의 시신을 밟고 넘으며 계속 공격을 이어갔고 전투는 아침부터 밤까지 계속되었다.

그때 여대원들이 〈아리랑〉을 부르기 시작했다. 안개 낀 계곡에 울려 퍼진 노래는 곧 전 부대에 퍼졌고 유격대원 전원이 아리랑을 합창하며 기관총과 보총으로 적을 막아냈다. 김일성은 이 장면에서 일본군의 '야마토 정신'과 조선 민중의 '아리랑의 얼'을 대비시켰다.

"부정의를 정의로, 악을 선으로 착각하는 자들, 총구 앞에 부

나비처럼 뛰어들어 무의미한 죽음을 무사도라 여기는 정신 불구자들. 그들이 〈아리랑〉을 들으며 총탄에 맞았을 때 어떤 감정에 휩싸였을지 상상해 보라. 포로로 잡힌 적들은 그 노래를 듣고 처음엔 어리둥절했고 이내 공포에 휩싸였으며 마지막에는 인생의 허무를 느꼈다고 했다."

결국 함흥 제74연대는 200여 명만 남기고 퇴각했다. 사실상 전멸에 가까운 패배였으며 일본군 사상자는 1,500명이 넘었다. 다음 날부터 일본군은 담가와 우마차를 징발해 시신을 수습했지만 너무 많은 시신을 수습하지 못해 머리만 잘라 마대에 담아 우마차에 실었다.

이 광경을 지켜보던 한 농민이 시체를 실은 일본 병사에게 물었다.

"나리, 달구지에 싣고 가는 게 뭐유?"

그러자 일본 병사는 능청스럽게 "호박"이라고 대답했다. 농민이 재치 있게 맞받아쳤다.

"호박 농사가 대풍이군요. 많이들 자시유~."

이 일화 이후 '호박 대가리'라는 말이 민중 사이에 퍼지기 시작했다.

5부

재편과 반격의 시간

HISTORY OF LIBERATION

중일전쟁과
조선의 항일 전략

중일전쟁

　세계 자본주의 열강은 1929년부터 1933년까지 이어진 대공황의 충격에서 회복하기도 전에 1937년 하반기부터 다시금 경제 공황에 빠져들었다. 제국주의 국가 간 식민지 쟁탈 경쟁은 더욱 치열해졌고 독일과 이탈리아는 본격적인 침략 전쟁을 시작했다.

　일제는 1937년 7월 7일 노구교 사건을 계기로 중일전쟁을 일으켰다. 이는 이후 약 3,000일 동안 중국 전역을 전쟁의 소용돌이로 몰아넣는 서막이 되었다. 일본은 중국 국민당 정부의 유화적 태도와 영국, 미국, 프랑스의 불간섭 정책을 이용해

8월 13일에는 상하이까지 공격했다. 중국 장개석 정부는 일본의 만주 침략과 화북 점령 당시에도 강경히 대응하지 않았으며 중일전쟁이 발발한 이후에도 오히려 중국 공산당에 대한 공격에 집중했다.

전쟁이 확대될수록 조선 독립이 더욱 어려워질 것이라는 패배주의가 지식인들 사이에서 퍼지고 있었지만 김일성은 중일전쟁을 일시적인 국지전이 아닌 전면전으로 분석하며 향후 세계대전으로 확산될 가능성을 내다보았다.

"일제가 초기에 일시적인 우세를 점할 수는 있지만 결국에는 멸망할 것이다. 정의롭지 못한 전쟁은 언제나 내부의 분열을 동반한다. 일본 내부에서도 전쟁 수행 세력과 반전 세력 사이의 갈등이 존재하고 제국주의 열강 간 이권 쟁탈로 인한 모순 또한 일본의 전쟁 수행에 제동을 걸 수 있는 요인이 된다. 만약 일제가 중일전쟁을 확대하고 남방 진출까지 단행한다면 이는 오히려 제국주의 열강 간의 대립을 격화시키는 결과만 가져올 것이다."

일제가 만주국을 수립했을 당시 중국의 항일 투쟁은 만주 지역에 국한되어 있었으나 1936년 국공합작이 성립되면서 상황은 달라졌다. 같은 해 12월 발생한 서안 사변을 계기로 중국 공산당과 장개석 정부는 연합하여 일제에 맞서 싸우기로 합의했다.

적 배후 교란 작전

1937년 7월 중순, 조선인민혁명군은 중일전쟁의 확산에 대응하여 일본군의 배후를 교란하고 동시에 국내 전민항쟁 준비를 본격적으로 추진하기로 했다. 이는 일제의 병력 및 군수 물자 수송로를 차단하고 군사 요충지를 기습하여 전쟁 수행 능력을 약화시키기 위한 작전이었다. 아울러 국내 지하 혁명 조직의 건설과 생산 유격대, 노동자 돌격대의 조직을 통해 국내 반일 투쟁을 고조시키고 전민항쟁의 기반을 다지는 전략이기도 했다.

일본군 배후 교란 작전은 1937년 8월 장백현 신방자 등판길에서 시작되었다. 이 전투에서 조선인민혁명군은 일본군 토벌

○ 조선인민혁명군

대 200명을 사살하고 일부를 생포했다. 이어 9월 26일, 통화현 휘남현성 전투에서는 김일성의 주력 부대인 제7연대를 중심으로 이동학과 최춘국의 경위연대, 제4사의 일부 부대, 동북항일연군 부대가 합동 기습전을 벌여 군수 물자를 노획한 뒤 무사히 철수했다.

이후 최현 부대는 임강, 통화, 유하, 몽강 일대에서 연이어 성과를 거두었고 안길, 박장춘, 강건 부대도 계속해서 적을 타격했다. 김책 부대의 해륙 원정과 남만 부대의 심양 철도 연선 진출 또한 배후 교란 작전의 일환이었다.

이러한 전투들은 일본군의 병참선을 뒤흔들고 중국을 단기간에 점령하려던 일본의 전략을 좌절시켰으며 중일전쟁을 장기 교착 상태로 몰아가는 데 크게 기여했다.

전체 조선 동포에게 보내는 호소문

1937년 9월, 김일성 사령관은 〈전체 조선 동포에게 보내는 호소문〉을 발표했다. 이 호소문에는 두 가지 핵심 취지가 담겨 있었다.

첫째, 중일전쟁에서 일본군이 일시적으로 승기를 잡자 '조선 독립은 불가능하며 일제와 타협해야 한다'는 패배주의가 확산되고 있었다. 이를 방치할 경우 항일 투쟁의 동력이 약화될 우려가 있었다. 이에 김일성은 중일전쟁이 장기전으로 접어들면서 일본은 병력, 물자, 보급, 원료 부족 등 여러 난관에 부딪힐 것이며 오히려 조선 독립의 기회가 앞당겨지고 있다고 강조했다. 따라서 굳은 신념을 갖고 반일 항전에 나설 것을 호소했다.

둘째, 전민항쟁 준비를 위한 전략적 방도를 제시했다. 전민항쟁이란 각계각층의 애국자들이 자신의 위치에서 다양한 반일 투쟁을 전개하며 조선인민혁명군의 군사 행동에 호응하여 무장 투쟁을 준비하는 것을 의미했다. 김일성은 전국적으로 생산 유격대와 노동자 돌격대를 조직하여 전민항쟁을 확대해 나갈 것을 전략적 방침으로 내세웠다.

이후 김일성은 소부대와 정치 일꾼들을 국내에 파견해 전략적 요충지에 반일 투쟁 거점을 구축하도록 했으며 직접 10여 명의 소부대를 이끌고 신흥 지역으로 들어갔다. 이 지역은 수전(洙田) 공사장 노동자들과 조국광복회 소속 천도교도들이 활동하던 곳이었다. 김일성은 동오골 밀영에 도착해 30여 명의 지하 혁명 조직 책임자들과 담화를 나눈 뒤 9월 하순 삼밭산 회의에서 흥남, 함흥, 원산 등지의 군수 공장에 조국광복회와 반일 단체를 확대하고 노동조합과 농민조합을 혁명적 대중조직으로 강화하자는 방침을 제시했다. 풍산에서는 수전 공사장을 시찰하고 천도교 도정 박인진과 만나 조국광복회 운동의 확대 방안을 논의하기도 했다.

이러한 활동을 계기로 부전, 함흥, 흥남, 원산, 단천, 풍산, 신흥 등 국내 각지에서 전민항쟁 세력이 성장했다. 노동자들은 댐 공사장과 탄광 등지에서 태업, 폭파, 집단 탈출 등의 방식으로 반일 투쟁에 나섰으며 원산 천내리 시멘트 공장에서는 1,000여 명의 노동자가 파업을 일으켰다.

전민항쟁에서 중요한 과제 중 하나는 조선인민혁명군을 지원하는 원호 활동이었다. 그 핵심은 입대였다. 생산 유격대를 통해 단련된 청년들이 조선인민혁명군에 입대했으며 연예 공연이나 전승 축하 모임을 통해 군의 사기를 높이는 활동도 활발히 벌어졌다. 식량, 군수 물자, 의약품 등 물질적 지원 역시 이어졌다. 혜산 반일청년회는 광목 5필, 신발 200켤레, 좁쌀과 보리쌀 6가마, 행전 150켤레, 현금 350원을 제공했고, 조국광복회 광생리 분회는 화약 150kg, 백로지 500매, 의약품 등을 지원했다.

또한 각지 조직은 정보 제공을 통해 전투를 적극 지원했다. 창평지회는 주재소 조선인 순사를 통해 국경 수비대의 무력 배치 정보를 입수해 전달했고, 연천반일회는 어로공을 나진에 파견해 해군 기지 상황을 탐지했다. 만포반일회는 경찰서와 수비대의 위치를 조사해 도강 작전을 도왔다.

조직을 재건하면서
다시 조국으로

열하 원정

1936년 봄부터 1938년 봄까지 코민테른은 김일성에게 열하 원정에 참여하라고 요구했다. 코민테른의 구상은 동북항일연군이 만주국 수도 장춘을 포위 공격하고 서쪽에서 동진하던 중국 노농홍군과 열하에서 합류해 일본군과 맞서 싸우자는 전략이었다. 그러나 이는 지나치게 무모한 계획이었다. 중국 공산주의자들은 코민테른의 방침에 별다른 비판 없이 동조하는 분위기였지만 김일성은 달리 판단했다.

당시 조선인민혁명군은 백두산과 서간도 일대에서 무장투쟁을 확산시키며 한반도 내부의 혁명 조직 결성을 활발히 추진하

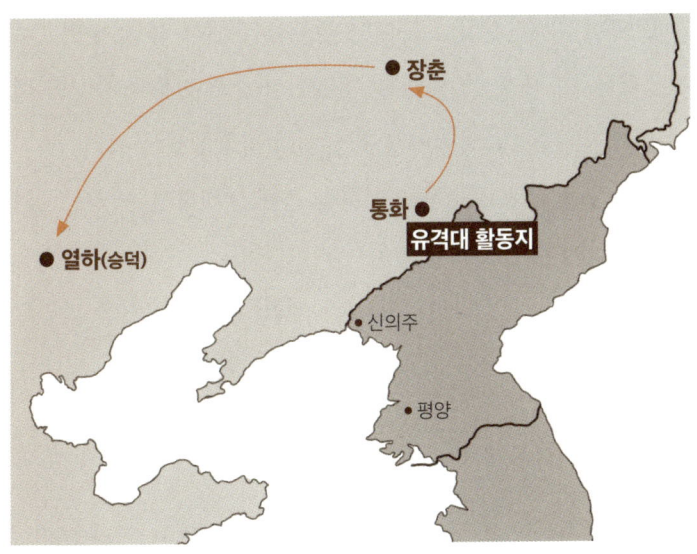

◦ 코민테른의 열하 원정 전략과 유격대 활동지

고 있었다. 이 시점에서 열하 원정에 나선다는 것은 유격대 활동 거점을 포기하고 적 밀집 지역인 평지로 진출하는 위험한 모험이었다. 특히 열하로 가기 위해서는 남만 철도를 포함한 일본군 주요 거점을 지나야 했는데 이는 유격전의 핵심인 기동성을 발휘할 수 없게 만드는 요인이었다. 하지만 오랫동안 함께 싸워온 중국 공산당 동지들의 요청을 전면적으로 거절하기는 어려웠다. 김일성은 절충안으로 우선 임강, 무송, 몽강 일대에서 유동적인 작전을 전개한 뒤 상황에 따라 열하로 이동하는 방침을 세웠다.

1937년 가을, 김일성 부대는 장백을 출발해 몽강 방면으로 진출했다. 이 시기 벌어진 9월 휘남현성 습격 전투와 몽강 일대의 연속 전투는 그 일환이었다. 당시 동북항일연군 제1군을 지휘하던 중국 간부 양정우는 열하를 향해 서진하던 중 일본군의 포위에 갇혀 궤멸 위기에 놓였다. 이때 김일성 부대는 몽강현을 우회해 통화로 진입하면서 일본군 외곽 부대와 교전을 벌였고 그 틈을 이용해 양정우 부대가 탈출할 수 있었다.

　양정우는 당시 상황을 다음과 같이 회고했다.

"김일성 동지가 보낸 박선봉 동지가 지휘한 경위 여3단의 헌신적인 돌격이 없었다면 우리 500명 부대는 큰 피해를 피할 수 없었을 것이다."

혜산 사건

　1937년 가을, 일제는 조선인민혁명군이 중일전쟁의 확대를 방해할 가장 위협적인 세력이라고 판단하고 대대적인 토벌 작전을 강화했다. 백두산 서남부 일대는 감시와 통제의 감옥으로 바뀌었고 장백현 일대에는 수백 km에 이르는 경비 도로와 전화선이 설치되었다.

　10월 초, 갑산과 무산에서 활동가들이 체포되면서 일제 강점기 최대 규모의 조직 사건인 혜산 사건이 발생했다. 1937년 10월부터 1938년 7월까지 739명이 체포되었으며 조국광복회의 핵심 인물들 역시 구금되었다.

이 사건은 열하 원정과도 무관하지 않았다. 유격대가 무송 부근으로 진출하기 위해 백두산 서북부에서 일시적으로 자취를 감추자 일제의 탄압을 견제하던 방어선이 무너졌기 때문이다. 결국 1941년 8월, 167명이 유죄 판결을 받았고 많은 혁명가가 사형이나 무기징역을 선고받았다.

김일성은 1937년 11월 몽강현 대갑랍자 밀영에서 이 사건의 보고를 받고 즉각 대응에 나섰다. 그는 조직을 은폐하고 관련 조직원들을 유격대에 편입시키는 한편 피해 상황을 신속히 파악하고 조직 재건을 지시했다. 또한 정치 공작원들을 소집해 지하 공작 방식으로의 전환 교육도 실시했다.

1938년 춘기 대공세

1937년 11월부터 1938년 3월까지 김일성은 몽강현 마당거우 밀영에서 대규모 동기 군정 학습을 조직했다. 일제의 포위망이 조여오는 긴박한 상황에서도 학습할 수 있었던 이유는 전투 부대를 지속해서 출동시켜 적의 시선을 분산시켰기 때문이다.

밀영에 들어선 직후 김일성 부대는 몽강현 소가영과 요전자 집단 부락을 기습했다. 이 지역들은 일제가 병력을 집중적으로 배치해 민중과의 연계를 차단하려던 군사 요충지였다. 1937년 11월 28일 저녁, 제1습격대는 소가영을, 제2습격대는 요전자를 동시에 공격했고 20~30분 만에 전투를 끝낸 뒤 정치 사업을 벌이고 민중과 함께 철수했다.

뒤이어 벌어진 소사하수 전투는 마당거우 밀영에서 진행하는 동기 학습을 보호하기 위한 유인 작전의 일환이었다. 이후에도 김일성은 일본군 주력을 유인하고 분산시키기 위해 다수의 전투를 감행했으며 밀영을 습격한 적을 세 차례 격퇴해 학습을 안정적으로 이어갈 수 있었다.

학습이 마무리될 무렵 중일전쟁이 장기전에 빠지면서 일제의 속전속결 전략은 실패로 돌아갔다. 일본은 군사, 정치, 경제 전반에서 한계를 드러냈고 이에 따라 파쇼적 탄압과 자원 약탈을 본격화했다. 특히 한반도와 만주를 공고한 후방으로 만들기 위해 각종 악법을 제정하고 민중 탄압을 강화했다.

1937년에서 1938년까지 일제는 '조선인민혁명군을 전멸시켰다'는 허위 선전을 퍼뜨리고 토벌 승리 경축대회까지 열었다. 이는 패전을 은폐하고 병사들의 사기를 높이려는 동시에 조선 내 항일운동의 기세를 꺾기 위한 의도였다. 이에 따라 김일성 부대 궤멸설이 퍼지며 국경 지대에서 활동 중이던 소부대와 소조의 활동에도 혼선이 생겼다.

1938년 3월 하순, 조선인민혁명군은 춘기 공세로 전환하기로 결정했다. 공세의 방향은 압록강 국경 지대, 특히 장백과 임강 일대로 설정되었고 세 가지 목표가 제시되었다.

첫째, 적의 배후를 타격해 정치, 군사적 혼란을 일으킬 것, 둘째, 압록강 연안에 파괴된 혁명 조직을 복구하고 정비할 것, 셋째, 각지에 파견된 소부대, 정치 일꾼, 민중의 투쟁 의지를 고양할 것이었다.

특히 혜산 사건으로 큰 타격을 입은 조직을 재건하기 위해 군사 활동과 정치 공작을 병행했다. 주력 부대는 춘기 공세의 첫 타격지로 장백현 가재수를 선택했다. 가재수는 높은 토성 위에 견고한 포대가 설치된 요새로 무장 경찰과 자위단이 철통같이 경계하는 곳이었다. 특히 이 지역 경찰은 주민을 공개 처형하는 공포 통치를 자행해 민중의 원성이 컸다.

1938년 4월 8일, 김일성 부대는 가재수의 적을 소탕하고 정치 선전물을 배포하며 민중 속으로 진입했다. 가재수 전투의 승리는 김일성 부대가 여전히 건재함을 국내외에 알리는 계기가 되었고 부대 궤멸설은 완전히 무력화되었다.

김일성 부대는 이어서 4월 10일 12도구 전투, 4월 26일 임강현 6도구 전투, 4월 28일 쌍산자 전투를 전개했고 오가영, 가가영, 신태자 등지에서도 연이어 전투를 벌였다. 여름에는 8도강 도로 공사장을 습격해 적의 경비 병력을 소멸시키고 외차구, 내차구, 무송현 서강 전투 등으로 공세를 이어갔다.

국내 전민항쟁 준비도 멈추지 않았다. 1938년 5월 초, 백두산 밀영으로 귀환한 김일성은 간백산 일대에 전민항쟁 지도 요원 양성소를 세우기 시작했다. 김주현이 이끄는 소부대는 국내로 파견되어 조직 보호 활동을 펼쳤고, 김정숙은 대진평 지구로 보내져 피신 중이던 박달과의 연락을 복원했다. 이러한 지도부의 신속한 대응에 따라 혁명 조직은 밀정을 색출하고 주구를 감시 및 처단하며 활력을 되찾을 수 있었다.

1938년 여름, 김일성은 직접 국내에 잠입해 후창, 낭림, 부전령, 신흥, 양덕, 덕천 등지에서 지하 조직 지도자들과 접촉했다. 이후 지리산 일대까지 조국광복회 조직이 확대되었고 민간 무장대가 결성되어 일제 통치 기구를 타격하는 전투가 벌어졌다.

같은 해 9월, 김일성은 다시 간백산 밀영을 방문해 강습소 운영 실태를 점검했다. 전국에서 선발된 강습생들은 이곳에서 교육을 마치고 각지로 파견되어 전민 무장봉기의 기초를 다져나갔다.

유격전의 재정비와 반격

전환의 시간

중일전쟁이 발발한 지 1년 만에 일본군은 베이징, 상하이, 광둥을 점령하며 중국을 빠르게 잠식해 나갔다. 동시에 조선을 전쟁 수행을 위한 공급 기지로 삼아 착취를 더욱 강화했다.

1938년 2월 일제는 육군특별지원병령을 공포해 17세 이상의 조선 청년들을 전장으로 끌고 갔고, 4월에는 국가총동원법을 시행해 조선의 인적, 물적 자원을 한 방울도 남기지 않고 전쟁에 동원하려는 야욕을 드러냈다. 6월부터는 국민징용령과 근로보국대를 통해 청장년을 군수 공장과 군사 시설 건설 현장에 강제로 내몰았으며 일본군 위안부 징발도 대폭 확대되었다. 7월에는 국민정신총동원조선연맹과 시국대응전선사상보국연맹을, 8월에는 조선방공협회를 조직하며 언론·출판·종교의 자유를 전면 탄압했다. 이 해에만 무려 4만 4,000여 명의 혁명가와 민중이 투옥되었다.

일제는 만주를 안정된 후방으로 만들지 못하면 전쟁 확대가 불가능하다고 판단하고 만주 유격대 토벌에 한층 더 집중했다. 반면 열하 원정 이후 동북항일연군 남만 부대가 궤멸된 상황에서 조선인민혁명군은 만주와 조선 양쪽에서의 혁명운동을 단독으로 떠맡게 되었다. 이러한 중대한 국면에서 김일성은 회의를 소집했다. 1938년 11월 25일부터 12월 6일까지 몽강현 남패자에서 열린 남패자 회의였다.

남만 일대의 조선인민혁명군 부대들이 남패자에 집결하자 이를 감지한 일본군은 임강, 무송, 휘남, 류하현 등지에서 병력을 끌어모아 1만여 명 규모의 포위망을 형성했다. 위급한 상황이었지만 김일성은 특유의 담력으로 회의를 강행했다. 회의하는 동안 그는 소부대를 여러 방향으로 출동시켜 적의 배후를 기습하게 하고 동시에 밀영 경계를 강화해 포위망이 뚫리지 않도록 조치했다.

하지만 그것만으로 과연 일본군의 공격을 막아낼 수 있었을까? 직접 전투에는 자신이 없던 일본군은 대병력으로 포위만 하고 박차석과 이종락 등 변절자를 앞세워 김일성을 회유하려는 모략을 꾸몄다. 김일성은 이 계략을 역이용해 열흘간의 시간을 벌어냈고 결국 일본군의 포위 작전을 무산시켰다.

조선 혁명과 유격전의 방향을 다시 세우다

1938년 말, 남패자 회의에는 열하 원정에 나섰다가 전 부대를 거의 상실한 동북항일연군 제1군의 양정우와 위증민도 참석했다. 당시 일제는 대검거 선풍을 일으켜 수많은 혁명가와 민중을 체포하고 고문 및 학살하면서 조선 혁명은 극심한 시련을 겪고 있었다. 과연 이런 조건에서도 혁명을 지속할 수 있을까? 회의에 모인 간부들 사이에는 우려와 회의감이 없지 않았다. 김일성은 무엇보다 자주적인 입장을 확고히 견지해야 열하 원정의 피해를 극복하고 동북항일연군을 재정비하며 무장투쟁을 지속해서 발전시킬 수 있다고 보았다.

"정세가 엄중할수록 더욱 민중을 믿고 그 힘을 조직하여 항일투쟁을 벌이는 것만이 혁명을 전진시킬 수 있는 유일한 길이다."

남패자 회의의 결론은 분명했다. 아무리 상황이 어렵더라도 백두산을 중심으로 해 조국으로 다시 진출해야 한다는 것이었다. 일부 간부들은 혹독한 겨울 때에는 밀영에서 군정 학습을 진행한 뒤 봄이 오면 작전을 재개하자는 의견을 내놓기도 했다. 그러나 김일성은 단호했다.

"현상 유지로는 혁명의 난국을 타개할 수 없다."

그는 지금이야말로 '혁명군은 사라졌다'는 적의 허위 선전을 깨뜨리고 민중에게 다시 희망을 심어주기 위해 조국 진출에 나서야 할 때라고 판단했다.

"총소리가 울려야 지하 조직도 다시 모습을 드러낼 수 있다. 아무리 험난해도 장백의 조직을 수습한 뒤 반드시 조국으로 가자."

만주에서도 공세는 계속되어야 한다

그렇다면 만주는 포기해야 하는가? 김일성의 생각은 정반대였다. 그는 조선인 부대들이 더욱 분발해 동북항일연군 전체를 다시 가동해야 한다고 주장했다. 만주에서 항일 투쟁을 적극적으로 전개해야 중일전쟁에 집중하고 있는 일제의 역량을 분산시키고 더 큰 타격을 줄 수 있기 때문이었다.

"조선인민혁명군 단독으로 수만 명의 적군을 감당할 수 있을까?"라는 우려도 제기되었지만 김일성은 유격전의 기본 원칙을 다시 강조했다. 대규모 병력과 정면으로 맞붙는 것이 아니라 집중과 분산, 신속한 기동을 통해 전술적 우위를 확보해야 한다는 것이었다.

당시 일본군의 전술은 요점 방어, 장거리 추격, 집중 토벌에 초점이 맞추어져 있었다. 동변도 일대의 도시와 산간 마을에는 위만군과 각지의 경찰 병력이 대대급 이상 규모로 상시 주둔하

고 있었다. 이런 상황에서 유격전은 더욱 민첩하고 유연하게 전개되어야 했다. 김일성은 다음과 같이 강조했다

"치열한 전투를 벌이면서 장거리 행군도 하고 민중 속에서 조직과 정치 사업을 병행하려면 굽힐 줄 모르는 혁명 정신이 필요하다. 어떤 일이 있어도 조선 혁명은 끝까지 완수해야 한다."

만주와 한반도에서 동시에 투쟁을 이어가기 위해서는 동북항일연군의 조직 개편이 불가피했다. 열하 원정 이후 남만 지역의 중국인 부대가 사실상 궤멸되어 조선인 대원들의 대규모 수혈이 필요했고 제1로군 제1사 사장이었던 정빈의 변절로 군사 기밀이 유출되며 중국인 지휘관의 수급도 아주 어려워졌기 때문이다.

이에 따라 동북항일연군은 기존의 제1, 2로군 체계를 폐지하고 3개의 방면군과 1개의 독립연대로 재편되었다. 지휘 체계도 간소화되었으며 조선인 대원들로 새롭게 구성된 제1방면군은 양정우가 총지휘를 맡았다. 제1방면군은 남만주, 제3방면군은 북만주를 담당하고, 김일성이 이끄는 주력 부대는 제2방면군으로 편성되어 국내와 압록강 및 두만강 연안에서 활동하기로 결정되었다.

고난의 행군

총성과 눈보라 속 110일간의 생존 전투

남패자 회의 이후 각 부대는 새로운 임무를 안고 활동지로 향했다. 김일성이 이끄는 제2방면군은 가장 마지막으로 압록강 연안 국경 지대로 행군을 시작했다. 출발에 앞서 김일성은 사령부를 회유하려 했던 변절자 이종락을 처단하며 이렇게 경고했다.

"혁명을 배신한 자는 반드시 그 대가를 치르게 될 것이다."

이때부터 시작된 남패자에서 북대정자까지의 110일간의 여정을 '고난의 행군'이라 부른다. 통상 6일이면 도달할 거리였지만 시작부터 이어진 적의 포위와 추격을 뚫으며 끊임없이 우회해야 했기 때문에 무려 4개월 가까이 걸렸다.

1938년 12월, 첫눈이 내린 뒤 기온은 급강하했고 박달나무가 얼어 터질 정도의 혹한이 몰아쳤다. 대원들은 눈보라 속에서 먹지도 자지도 못한 채 해발 1,200m가 넘는 용강산 줄기를 넘어야 했다.

행군 도중 7도구 부근에서 일본군의 대규모 포위 공격이 시작되었다. 하늘에는 정찰기와 폭격기가 떠 있었고 사방에는 일본군이 매복해 있었다. 김일성은 병력을 세 방향으로 분산시켜 적을 혼란에 빠뜨리는 전술을 선택했다. 사령부는 경위 중대와 기관총 소대와 함께 가재수 방향으로, 제7연대는 상강구로, 제8연대와 독립대대는 동강으로 진출했다. 재봉대원과 부상자들은 청봉 밀영에 남아 치료와 군복 제작을 맡았다.

그러나 시련은 계속되었다. 부대에서 이탈한 신입 대원이 적에게 투항하면서 사령부의 위치가 노출되었다. 이후 연일 폭격이 쏟아졌고 포위망은 점점 좁혀졌다. 김일성은 두 개의 소부대를 후방으로 보내 적의 수송대를 습격하게 하여 식량과 군수품을 확보하고 동시에 적의 주의를 분산시켰다.

그 와중에 김일성은 적과 불과 몇 리 떨어지지 않은 가재수 등판에서 천막을 치고 숙영했다. 일본군은 유격대가 이렇게 대담하게 자기 눈앞에서 숙영할 것이라고는 상상조차 못 했다. 김일성은 이 틈을 이용해 대중 정치 사업과 군정 학습을 진행했다.

하지만 또 한 번 위기가 닥쳤다. 식량을 구하러 마을에 내려간 대원 중 한 명이 다시 탈주해 적에게 정보를 넘긴 것이다. 김일성은 신속하게 부대를 이동시키기로 결정했다. 일본군의 시선을 정면으로 마주하며 기세 있게 움직여야 할 때였다.

대원들은 드넓은 벌판을 단숨에 가로질렀고 이들의 기세에 눌린 일본군은 끝내 추격하지 못했다. 그날 유격대는 거의 100리를 쉬지 않고 행군하여 깊은 수림 지대로 숨어들 수 있었다.

그러나 또다시 포위망이 조여왔다. 일본군은 사령부가 소규모로 움직인다는 정보를 입수하고 포위령을 내렸다. 김일성은 이를 정면 돌파하기로 결심하고 오백룡에게 말했다.

"사생결단 외에 다른 길은 없다! 후방에서 따라오는 적은 한 개 분대가 맡고 전방의 적을 압박하라. 적의 약한 고리를 공격해 그 병영까지 쫓아갈 기세로 밀어붙여야 한다."

오백룡은 기관총을 걸고 나팔을 불며 돌격했다. 수십 명의 사상자가 발생하자 당황한 일본군은 조선인민혁명군을 대부대로 오인하고 배낭까지 버린 채 12도구로 도망쳤다.

독약 소금 사건

조선인민혁명군 주력 부대가 다시 합류했을 무렵 대원들은 오랜 행군 끝에 극심한 영양실조에 시달리고 있었다. 몇 달째 소금을 구하지 못한 이들은 기운조차 제대로 내지 못할 지경이었다. 그때 한 대원이 고향인 서강으로 가 가족에게 소금을 부탁하자 이 소식을 들은 주민들은 더 많은 소금을 마련하려 애썼다. 그러나 이 사실은 곧 밀정에게 전해졌다.

일제는 장춘에서 독약을 탄 소금을 비행기로 급히 보내 시장에 풀었다. 이를 알지 못한 노인들은 소금을 지고 부대까지 힘겹게 올라왔다. 대원들은 모처럼 손에 쥔 소금에 환호하며 달려들었다. 이때 김정숙이 식초로 검사하자 소금의 색이 변했다. 이미 제7연대와 제8연대는 이 소금을 먹고 전투에 나선 뒤였다.

잠시 후 출정했던 대원들이 탈진한 채 돌아왔고 일부는 전투 도중 쓰러지기까지 했다. 김일성은 즉시 두 연대를 깊은 숲으로 피신시키고 사령부는 경위 중대와 기관총 소대만을 남겨 적의 대공세를 막아섰다. 일본군은 조선인민혁명군이 전투 불능 상태일 것이라 판단해 대대적으로 공격해 왔으나 오히려 처절한 패배를 당했다.

전투 후 사령부는 야전병원을 설치해 대원들에게 녹두죽과 호박국을 먹이며 돌보았고 이들은 불과 1주일 만에 기적처럼 회복했다.

이처럼 110일에 걸친 고난의 행군은 단순한 후퇴도, 도피도 아니었다. 그것은 끊임없이 닥쳐오는 위기를 정면으로 돌파하며 조국을 향해 다시 나아간 생존과 신념의 대서사시였다. 적의 포위, 배신자의 밀고, 독약 테러, 굶주림과 추위, 끝없는 피로와 전투. 단 한 번의 실패만 있었어도 조선의 항일 무장투쟁은 그곳에서 멈추었을지도 모른다.

국가의 지원도, 정규 보급선도 없이 30만 일본군 정예 병력에 맞서 싸운 조선인민혁명군. 그들이 유격대로 버티고 싸운 이야기는 단순한 전투 기록이 아니라 우리 민족 자주 해방운동의 영원히 기록될 역사적 업적이다.

6부

본격화하는
국내의 정치 군사 활동

HISTORY OF LIBERATION

조국을 향한 봄의 진군

조국 진군의 결단

1939년 4월 초, 남패자 회의에서 논의된 대로 조선인민혁명군은 장백현 북대정자에 집결해 조국 진군을 결의했다. 유격대는 곧바로 고난의 행군을 감행했다. 그 여정은 단순한 생존이 아닌 조국에 들어가 독립운동을 본격화하겠다는 결연한 의지의 실천이었다.

김일성은 이 시기를 다음과 같이 회고했다.

"조선인민혁명군의 가장 중요한 지향점은 조국 진군이었습니다. 우리는 북만, 동만 어디에서든 수많은 군사 작전을 벌였지만 모든 역량의 총적인 지향점은 조국 진출과 해방에 있었습니다. 1939년 5월은 조국 진출의 적기였습니다. 당시 정세와 우리 지향, 국내 민중의 염원을 고려하면 더는 미룰 수 없는 절박한 과제였습니다."

압록강 연안까지 진출할 수 있었던 힘은 다름 아닌 '조국으로 가야 한다'는 유격대원들의 뜨거운 염원이 뒷받침되었기 때문이었다.

조선인민혁명군이 국내 진공의 첫 목표로 삼은 곳은 무산 지구였다. 1936년 보천보 전투 이후 일본군은 무산 일대의 경비를 대폭 강화해 대부대의 진입이 쉽지 않은 지역으로 만들어놓았다. 그러나 바로 그 점 때문에 오히려 기습 효과가 크고 정치적 상징성 또한 매우 높은 지역이었다.

무산은 철광과 수력발전소, 벌목장 등 산업 기반이 조성된 곳으로 노동 계급이 밀집해 있었다. 김일성은 몇 발의 총성만으로도 이들의 각성을 불러일으킬 수 있다고 판단했다. 그 울림은 함경북도 전역, 더 나아가 전국으로 퍼져나갈 수 있는 파장을 가질 수 있었다. 무산 진공은 단순한 무력시위가 아니라 정치적 목적을 띤 심리전이자 선전전이었다.

김일성은 장백현 구가점 기습 전투를 시작으로 호동구, 노인구, 15도구 등 국경 요충지를 차례로 타격하며 춘기 반격전을 전개했고 이를 통해 군수 물자도 확보했다. 곧 간백산 밀영에서 국내 진공 작전을 구체적으로 계획한 뒤 곰의골 밀영으로 이동해 제7연대, 제8연대, 독립대대, 경위 중대 등 약 700명의 병력으로 조국 진출 부대를 편성했다.

5월 15일, 조선인민혁명군은 장백현 곰의골 밀영을 출발했고 이튿날인 5월 16일에는 압록강 인근 24도구에 도착했다. 이어 위만군 수송대를 기습해 적의 이목을 다른 곳으로 돌려놓은 뒤 5월 18일 자욱한 안개 속에서 5호 물동을 통해 압록강을 건넜다.

조국의 진달래

조선인민혁명군 대원들이 조국 땅을 밟은 순간 모두가 감격과 흥분에 휩싸였다. 그들은 들녘에 흐드러지게 핀 진달래를 끌어안고 볼을 비볐다. 망국의 설움을 가슴에 안고 살아온 그들에게 일제에 강탈당한 땅 위에서 피어난 진달래는 단순한 꽃이 아니었다. 그들은 이 꽃을 '조국의 진달래'라 불렀고 이 말에는 조국과 민중에 대한 깊은 사랑, 광복의 봄을 앞당기겠다는 의지, 해방된 조국에 민중의 낙원을 세우고자 하는 뜨거운 염원이 담겨있었다.

첫날 밤 유격대는 청봉에서 숙영을 준비했다. 사령부를 중심으로 20여 개의 천막과 취사장을 설치하고 불무지 위치부터 천막 구조, 도구 규격까지 세세히 정비했다. 2km가량 떨어진 곳

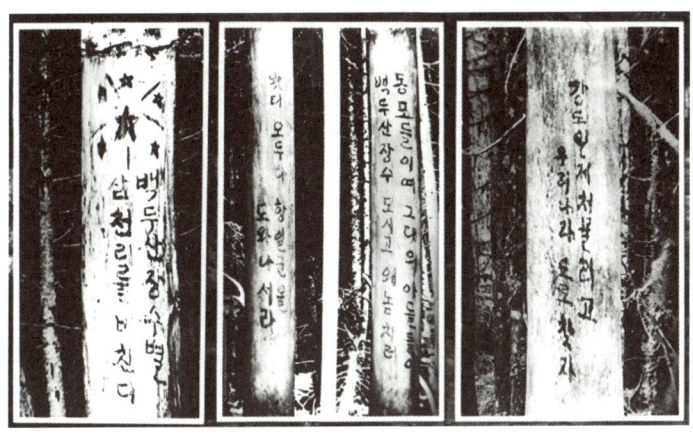
◦ 구호가 새겨진 나무껍질

에는 경비대를 세우고 망원초와 보초 체계도 철저히 구축했다. 순식간에 강철 같은 규율과 질서가 살아있는 최고의 숙영지가 완성되었다. 유격대원들은 나무껍질에 '항일대전 승리 만세!', '일제의 파쇼적 군벌들을 때려 부수자!' 같은 구호를 새겨넣으며 그 결의를 다졌다.

다음 날 대원들은 건창에서 다시 숙영하며 낚시꾼으로 위장한 밀정을 발견했다. 이를 통해 일본군이 탐색 활동을 벌이고 있다는 사실을 확인한 유격대는 즉각 대응에 나섰다. 두 개의 소부대를 편성해 한 부대는 포태리로 나가 적을 기습 타격하고 다른 부대는 일부러 장백 쪽으로 도주한 듯한 흔적을 남기며 기만 작전을 펼쳤다. 일본군은 완전히 속아 넘어가 청봉 일대 수색을 중단하고 포태산 기슭에서 허망한 추격을 계속했다.

조선인민혁명군의 갑무 경비 도로 개통식

1940년 5월 20일 새벽, 조선인민혁명군 조국 진출 부대는 짙게 깔린 안개를 틈타 베개봉 방면으로 조심스럽게 행군한 뒤 숙영에 들어갔다. 다음 날 무산을 향해 다시 길을 나섰다. 이때 사용된 행군 방식은 유격전사에서 전설처럼 회자되는 '일행천리(一行千里)' 전술이었다. 유격대는 이전에도 이 전술을 여러 차례 활용한 바 있었지만 한낮에 수백 명이 넘는 대부대가 그것도 일제가 신설한 경비 도로를 따라 버젓이 행군한 사례는 전무했다.

당시 일본군은 유격대가 험준한 산악 지대를 따라 은밀히 이동할 것이라고 판단해 포태산 일대 산줄기 곳곳에 병력을 집중시켰다. 또 유격대의 야간 이동에 대비해 야간 경계망을 더욱 강화하고 있었다. 그러나 김일성은 적의 예측을 정면으로 뒤엎었다. 그는 대낮에, 그것도 막 완공된 갑산-무산 간 경비 도로를 따라 대부대를 통과시키는 과감한 결단을 내렸다. 이 도로는 유사시 일본군 토벌대를 신속히 투입하기 위해 만든 전략 도로였지만 정작 일본군조차 아직 사용한 적이 없는 상태였다. 그렇게 경비 도로를 처음 사용한 것은 일본군이 아니라 조선인민혁명군이었다. 이 사실을 알게 된 일본군은 "역사상 한 번도 없는 괴이한 일"이라며 분노와 당혹감을 감추지 못했다.

조국 진출 대오는 베개봉을 떠나 계속 행군하던 중 마침내 삼지연 못가에 도착했다. 맑고 푸른 물결이 일렁이는 그곳에서 대원들은 앞다투어 물을 마시며 한껏 목을 축였다. 못가에는 진달래가 흐드러지게 피어있었고 잔잔한 수면에는 그 진달래가 고스란히 비쳐있었다. 물 위와 물 아래, 현실과 반영이 뒤섞인 그 풍경은 그야말로 눈을 뗄 수 없는 절경이었다. 대원들은 초막을 짓고 그 자리에 머물고 싶다는 생각이 들 정도로 조국의 품에서 느끼는 평온과 감격에 젖었다.

백두고원 특유의 고산 정취와 들녘의 평화로운 조화는 억만금을 주고도 바꿀 수 없는 조국의 아름다움이었다. 그러나 그 아름다움은 곧 식민지 현실의 비통함으로 다가왔다. 대원들은 장엄한 산천을 마주하며 우리 민족이 얼마나 귀중한 국토를 일제에 빼앗겼는가를 새삼 뼈저리게 느꼈다.

그날 저녁 유격대는 두만강 기슭 무포에 숙영지를 마련했다. 사령부는 이튿날부터 본격적으로 전개될 진격 작전의 목표를 대홍단으로 정하고 구체적인 전술과 전개 방식, 타격 지점을 결정했다. 대원들은 조국의 품에 안겨 숙영지를 정비하며 다음 날 펼쳐질 전투를 위해 결의를 다졌다.

무산 진공 작전의 꽃, 대홍단 전투

1940년 5월 22일 아침, 조선인민혁명군은 무포 숙영지를 출발해 대홍단 벌판에 도착한 뒤 일부 병력을 신개척 방향으로 보내고 김일성은 제8연대를 이끌고 노은산 기슭의 신사동으로 향했다. 신사동은 일제에 고용된 자본가들과 목재 채벌 청부업자 모리가 노동자들의 피땀을 착취하던 임산 마을이었다.

저녁 무렵 신사동에 도착한 김일성은 가장 큰 목재소의 노동자 합숙소를 찾아가 밤늦도록 노동자들과 대화를 나누며 일본이 퍼뜨린 '조선인민혁명군 전원 전멸'이라는 유언비어가 거짓임을 몸소 증명했다. 감격과 기쁨에 휩싸인 민중 앞에서 그는 이렇게 연설했다.

"조선인민혁명군을 물심양면으로 지지해 주셔서 감사합니다. 우리는 일제에 군사적, 정치적 타격을 주고 민중에게 해방의 서광을 비추기 위해 조국으로 진출했습니다."

그날 밤 신사동은 환희와 혁명 열기로 들끓었다. 화전민들은 종자조차 없어 파종도 못 하는 형편이었지만 기장밥과 감자국수를 마련해 유격대를 극진히 대접했다. 유격대 역시 군량미를 나눠주었고 김정숙은 합숙소의 아이에게 수제비를 떠주고 손에 크림을 발라주는 따뜻한 모습을 남겼다.

김일성은 일본군의 추격을 예상하고 대홍단 들판에서 결전을 벌이기로 결정했다. 제8연대와 경위 중대는 신사동을 떠나 언덕 위에 매복했다. 한편 신개척 방향에서 전투를 벌이던 제7연대는 승리에 도취된 나머지 일본군의 추격을 눈치채지 못하고 있었다.

◦ 조국 진출을 기념하는 삼지연대 기념비

 자욱한 안개 속에서 접근해 오는 적의 국경 수비대와 경찰대를 식별하기는 어려웠지만 김일성은 제7연대 후방에 나타난 철모 부대가 일본군임을 즉시 간파했다. 자칫하면 제7연대가 기습을 당할 위기였다. 그는 즉시 제7연대를 매복 진지 앞으로 통과시키고 노동자들에게 '엎드리라'는 신호를 보낸 뒤 일제히 사격을 명령했다. 그 순간 수백 정의 총구에서 불꽃이 터져 나왔고 앞만 보고 돌진하던 적군은 명중탄에 쓰러졌다.

 전장 한편에서는 인상적인 장면이 벌어졌다. 조선인 노동자들은 짐을 멘 채 유격대 진지로 달려왔고 일본인 노동자들은 짐을 버리고 일본군 쪽으로 기어갔다. 위협 앞에서 본능적으로 드러난 '민족의 피'였다.

대홍단 건너편으로 도망친 일본군은 증원부대를 이끌고 재공격을 시도했지만 유격대의 전면 및 배후 협공에 밀려 진펄에 수많은 시체를 남긴 채 도주했다. 심지어 패잔병 일부는 증원군을 유격대로 오인해 서로 오발을 주고받는 촌극까지 벌어졌다.

일제는 조선인민혁명군이 무산에 나타나 대홍단에서 대규모 전투를 벌이고 두만강을 넘어 사라졌다는 소식에 경악했다. 서간도 월경을 경계하던 일본군은 유격대가 전혀 예측하지 못한 무산 지구에서 토벌대를 궤멸시키고 사라진 사건에 큰 충격과 공포를 느꼈다.

무산 지구에서 울려 퍼진 유격대의 총성은 혜산 사건 이후 위축되었던 국내 혁명운동에 새로운 활력을 불어넣었고 '조선 혁명은 절대 꺾이지 않았다'는 희망과 믿음을 민중에게 심어주었다.

지하에서 싹트는
조국 해방의 불씨

무산 지구에서 큰 타격을 입은 일제는 조선과 만주의 병력을 두만강 연안에 집중시켰다. 1939년 5월 28일 시라미즈, 후지이, 네기시 토벌대를 편성하고 농사동과 남양동 일대를 토벌 구역으로 지정했으며 하루 전에는 함북 경찰대를 소삼령 부근에 파견했다. 관동군은 도시우미 부대와 조요 부대 등 일만 혼성 토벌대를 조직해 백일평 일대에 투입했다.

이 토벌대를 제압하지 않고서는 백두산 동북부에 혁명 거점을 구축할 수 없었고 항일 무장투쟁을 확대해 나갈 수도 없었다. 이에 김일성은 5월 말 안도현 큰골에서 회의를 열고 강화된 토벌에 대응하며 조선 혁명을 국내로 확산시키기 위한 세 가지 전략을 결정했다.

첫째, 고정된 밀영 대신 기동성을 갖춘 임시 밀영을 곳곳에 설치하기로 했다. 둘째, 부대를 연대급으로 분산하고 집중과 기습 이동 전술을 활용해 적의 토벌 망을 교란하는 한편 군수와 수송 거점을 집중적으로 타격하기로 했다. 셋째, 정치 공작원은 무장 소부대의 호위를 받으며 유동적으로 활동해 적의 감시망을 피해 대중 정치 사업을 전개하기로 했다.

이후 김일성은 직접 토벌대 격파에 나섰다. 그는 직속 부대를 둘로 나누어 제7연대는 올기강 서쪽으로 보냈고 자신은 제8연대와 독립대대를 이끌고 두만강 연안의 옥돌골과 휘풍동 일대에서 연이어 전투를 벌이며 적을 격파했다. 휘풍동에서는 조직과 연락이 끊겼던 핵심 인물들을 다시 조국광복회에 편입시키고 활동 방향과 투쟁 방식을 구체적으로 지도했다. 한편 제7연대는 동경평, 상대동, 대동곡, 원풍동 등지의 집단 부락을 공격하며 적의 거점을 소탕했다.

폐문촌의 전설

김일성 부대는 적의 추격을 따돌린 뒤 올기강 함지박골 수림에 잠복해 다음 작전을 논의했다. 이때 백일평 지역에 정안군 300여 명이 주둔하고 있다는 정보를 입수했다. 토벌대 대장은 중국 화북 전선에서 전공을 세워 천황 표창까지 받은 인물로 유격대에 연이어 패배하는 것을 "황군의 치욕"이라며 김일성 부대를 반드시 섬멸하겠다고 호언장담하고 있었다. 그는 스스로를 무적의 용장이라 자처하며 가슴에 '아수라(불교에서 싸움을 관장하는 신)'라는 문신까지 새겨넣고 기세를 높였다.

1939년 6월 10일 늦은 아침, 김일성 부대는 올기강 동쪽 비탈의 갈밭에 매복해 아수라 부대를 기습했다. 아수라 장교가 낌새를 알아차리는 순간 사격 명령이 떨어졌고 전투는 불과 10분 만에 조선인민혁명군의 완승으로 끝났다. 유격대는 200여 명의 적을 살상하거나 생포했으며 기관총 4정을 포함한 다량의 무기와 군수 물자를 노획했다. 아수라 장교는 현장에서 즉사했다.

이 전투는 백일평 전투 또는 올기강 전투로 널리 알려졌으며 이후 올기강 일대의 마을들은 적의 침입을 막기 위해 스스로 문을 닫았고 '폐문촌(閉門村)'이라 불리게 되었다.

옥돌골 단오 명절

1939년 6월 중순, 조선인민혁명군 주력 부대는 화룡현 옥돌골로 진출했다. 옥돌골은 상촌, 중촌, 하촌의 세 마을로 이루어진 큰 부락으로 인근에도 10여 개의 조선인 마을이 모여있었다. 이곳은 1930년대 전반기에 반유격구로 활동했던 지역으로 혁명을 지지하는 주민이 많았다.

조선인민혁명군이 도착하자 주민들은 따뜻하게 부대를 맞이했다. 대원들은 전투 소식을 전하고 조국광복회 10대 강령을 설명하며 주민들에게 혁명에 대한 신념을 심어주었다. 이들은 주민들과 함께 이야기를 나누고 혁명 가요를 부르며 선전 교육도 진행했다.

마침 단오 명절을 앞두고 있었고 마을 사람들은 축제를 열자고 제안했다. 옥돌골 30리 골짜기 안의 주민들이 모두 모여 그네뛰기, 씨름, 축구 시합을 벌였고 군민이 함께 어우러지는 오락회와 연예 공연도 이어졌다. 조선인민혁명군은 짧은 연설과 유인물을 통해 대중의 의식을 일깨웠고 청년들을 따로 모아 지하 조직을 복원하고 구체적인 과업도 부여했다. 당시 화룡 일대는 일제가 토벌 병력을 집중시키던 곳이었다. 그 중심에서 열린 단오 축제는 몇 차례의 전투나 긴 연설로도 얻기 힘든 큰 효과를 거두었다.

1939년 6월부터 9월까지 조선인민혁명군이 벌인 전투는 모두 138회에 달했다. 김일성은 백두산 근거지를 거점으로 삼아 무산 연사 지구에 세 차례나 진입해 국내 일꾼들과 만나 혁명 활동을 지도했다. 백두산 동북부와 국내를 오가는 정치 공작과 무장투쟁도 활발히 전개되었다. 안도, 화룡, 연길 등지에는 새로운 밀영이 건설되었고 조국광복회 조직도 복구되면서 두만강 연안에는 보이지 않는 지하 전선이 촘촘하게 형성되었다. 일제가 치안 확보 구역이라 자랑하던 백두산 동북부는 조선 민족해방혁명의 믿음직한 혁명 기지로 변모해 갔다.

국내 깊숙이 뻗어나가는 지하 혁명 조직

김일성이 이끄는 조선인민혁명군 부대는 백두산 동북부를 거점으로 삼아 한반도 북부로 혁명의 전략적 기지를 확장해 나갔다. 1939년 6월 중순, 김일성은 무산군 삼장면 국사봉에 나타나 지하 혁명 조직 책임자 및 정치 일꾼 회의를 열고 무산과 연사 지구를 비롯한 두만강 연안을 반일 투쟁의 보루로 만들 것을 강조했다.

무산과 연사 지구는 백두산과 함경산맥, 부전령산맥이 맞닿아 있는 지형으로 청진과 함흥 같은 산업 지대와도 가까워 혁명 근거지를 조성하기에 매우 유리한 조건을 갖추고 있었다. 이에 따라 이 지역에 조국광복회 조직이 뿌리내렸고 정치 일꾼들이 국내 깊숙이 파견되어 민중을 반일 투쟁에 조직하는 활동이 본격화되었다. 동시에 생산 유격대도 강화되어 조선인민혁명군의 활동을 실질적으로 뒷받침했다.

6월 하순, 김일성은 다시 연사군 삼장 지구에 들어와 조직 활동을 점검하고 김정숙을 책임자로 조국광복회 연사 지구 위원회를 결성했다. 앞서 1938년 9월, 국내 당 공작위원회 책임자였던 박달이 체포된 이후 이동걸이 조직 사업을 이어갔으나 그 역시

1939년 6월 초 무산과 연사 일대에서 조국광복회 분회를 구성하던 중 체포되었다. 이후 김정숙이 연사 지구는 물론 회령, 청진, 부령 등 북부와 동해안 일대 조직까지 총괄하게 되면서 실질적인 국내 지하 혁명 조직 책임자의 역할을 맡게 되었다.

같은 해 8월, 김일성은 새골리, 용계, 민봉, 엄광 등지에서 소부대 책임자들과 회합하고 철봉에서는 군정 일꾼 회의를 소집해 북부 지역의 군사 및 정치 활동을 논의했다. 이어 연두골 민봉 비밀 근거지에서는 조국광복회 조직 책임자 및 정치 일꾼 회의를 열어 조직 확대와 반일, 반전 투쟁을 고조시키기 위한 방안을 모색했다. 사자봉에서는 국내 당 공작위원회 회의를 소집해 당 조직 확대 계획도 논의했다.

무산과 연사 지구로의 진출은 단순한 군사 활동을 넘어 한반도 북부를 본격적인 혁명 기지로 전환하고 국내 깊숙한 지역에서 전민항쟁 준비를 진전시키는 계기가 되었다.

비밀 조직이었던 조국광복회는 활동 내용을 외부에 드러내지 않았다. 백두산 주변에서 조직 활동이 활발했다는 사실은 비교적 잘 알려졌지만 함경남도는 물론 조선의 서부와 중부 지역까지 조직망이 넓게 퍼져있었다는 점은 잘 알려지지 않았다. 여기서는 그러한 활동의 대표적인 사례들을 간략히 살펴보고자 한다.

함경남도에서의 활동

함경남도 신흥 지구는 장백현 도천리에서 파견된 이효준이 처음 개척했다. 이후 조선인민혁명군의 정치 공작원들은 1937년 여름부터 낭림, 부전, 신흥, 홍원, 북청, 리원, 단천, 허천 등지에 들어가 이주연, 이용, 주동환 등 국내 혁명가들과 손잡고 조직을 꾸려갔다.

주동환은 용정 대성중학교 동창인 권영벽의 추천을 받아 북청과 단천 지역에서 활동을 시작했다. 그는 북청에서 김경식을 포섭해 북청지구위원회를 조직했고 고향인 단천으로 돌아가 단천지회를 결성했다. 단천지회는 읍내를 중심으로 여러 개의 분회를 두고 친목 단체의 형식을 빌려 민중을 조직했다.

장백현 하강구에 있던 조국광복회 위원회는 위인찬을 흥남에 파견해 흥남지구위원회를 세웠다. 원산에 도착한 공작원들은 반일 청년 단체였던 고려회의 성원들을 조국광복회로 포섭했다. 도천리에서 활동하던 다른 공작원들은 홍원 지역에도 조직을 꾸려 홍원 농민조합이라는 명칭으로 활동했다. 이 외에도 이원, 부전, 함흥 등지에 조국광복회 지회가 결성되었다.

1937년 7월에는 신의주지회가 설립되었고 같은 해 8월 위원에서는 빈농과 벌목 노동자를 망라한 이산 반일회가 조직되었다. 공작원들은 압록강 중류 지방 곳곳을 돌며 하부 조직을 잇달아 만들어 나갔다. 강병선은 집안이 모두 천도교도라는 점을 활용해 천도교 내에 여러 개의 지하 조직을 구축했으며 이 조직망은 후창군과 철산군까지 뻗어나갔다.

서부 지역에서는 이주연이 평양, 남포, 용강 일대를 중심으로 활동했다. 그는 과거 신간회 출신들을 규합해 1939년 1월에는 용강군 계명리에서 계명 농민회를, 5월에는 진남포에서 남포 반일회를 조직했고, 9월에는 정미 제분 공장 분회와 제련소 분회를 만들었다. 또한 이주연과 현준혁은 평양 강동군 강동면에서 강동 조국광복단을 결성한 후 같은 해 11월에는 승호 시멘트공장 지회를, 1940년 5월에는 대동군에서 원탄 탄광 분회를 조직했다. 순천에서는 최경민이 일심청년회를, 안주군에서는 비밀 독서회 성원들이 안주 반일광복회를 결성했다.

함경남도 안변 지역에서도 조직 건설이 활발히 이루어졌다. 1939년 7월에는 안변 반일청년회가 만들어졌고, 9월에는 석왕사면에 고산 반일회가, 10월에는 적색 농조가 안변 농민위원회로 재편되었다.

조선 중서부 지역에서의 활동

서울에서는 조동욱이 1938년 6월 6.6동맹을 결성한 뒤 강원도 철원으로 조직원을 파견하여 1939년 5월에는 철원 반일회, 6월에는 이천 반일회, 9월에는 평강 반일회를 설립했다. 같은 해 이주연은 양양으로 가 감옥에서 함께 투쟁했던 농조 간부에게 조직 건설을 맡겼고 그는 철산 광산 노조와 협력해 양양 반일회를 결성했다.

속초에서는 화룡현 출신의 여성 활동가가 귀향한 뒤 1939년 6월 속초 구국회를 조직했다. 그녀는 일제에 의해 자식들을 빼앗기고 고문당한 뒤에도 고향으로 돌아와 활동을 이어갔다.

김정숙의 지시에 따라 서울 지역 조직을 맡은 주병포는 법정전문학교에 적을 두고 있던 중 경성콤그룹의 김삼룡의 지원을 받아 서울 풍인친목회를 조직했다. 이 조직은 공장과 학교에 노동조합과 학생 조직을 결성하며 대중적 기반을 넓혀갔다. 1939년 9월에는 서울 합동 좌익 노조가 결성되어 20여 개의 공장에 노조가 만들어졌고 경성제국대학과 법정전문학교에도 반일 단체가 결성되었다.

일본까지 확대된 조국광복회 조직

조직 활동은 일본 본토로까지 확대되었다. 1939년 7월, 일본에 파견된 이인모는 도쿄에 도착한 뒤 풍산 출신 유학생들과 함께 풍우 동경 고학생 친목회를 조국광복회 조직으로 전환시켰다. 1940년 4월에는 아카야마 제6고등중학교에서 교내 친목회 핵심 인물들을 중심으로 분회가 결성되었다.

조선인민혁명군에 대한 조국광복회의 지원

조선 독립에 대한 민중의 열망은 조선인민혁명군에 대한 적극적인 지원으로 나타났다. 조국광복회 갑산지회에서는 천도교 신도들이 중앙에 바치던 성미를 유격대에 보내주었고, 서간도의 주민들은 조선인민혁명군이 식량난에 처했다는 소식을 듣고 결혼이나 잔치에 쓰려고 모아둔 쌀을 아낌없이 내놓았다.

신의주지회 성원들은 압록강 수풍발전소 댐이 완공되기 전까지 배를 이용해 천, 신발, 소금, 화약, 뇌관, 도화선 등 각종 물자를 실어 나르며 유격대를 지원했다. 뱃길이 막힌 뒤에는 단동 3번 통과 6번 통을 거점으로 삼아 물자를 집결시킨 뒤 자동차와 철도를 통해 관전, 흥경, 통화 지역의 유격대에 전달했다. 마전동 분회의 한 조직원은 반 톤이 넘는 화물을 실을 수 있는 돛단배를 마련해 낮에는 삯짐을 나르고 밤에는 비밀리에 유격대를 위한 군수 물자를 운반했다.

서울에서도 조국광복회 성원들은 유격대를 적극적으로 도왔다. 북청 조직 출신인 전조협은 감옥살이를 겪은 뒤 1937년부터 서울에서 지하공작을 담당했다. 그는 유격대에 보낼 자금을 마련하기 위해 물지게 장사를 시작했고 벌어들인 돈으로 천, 신발, 백로지, 의약품, 인쇄용 잉크 등을 구입해 북청으로 보냈다. 어느 날 언덕길을 오르던 중 우연히 금시계를 주운 그는 주인을 수소문해 돌려주었고 시계 주인은 감사의 표시로 사례금을 건넸다. 이를 계기로 전조협은 그 가족과 가까워졌고 그들은 이후 유격대 지원 물자를 함께 마련해 북청으로 보내는 데 동참했다. 서울의 평범한 가정도 원군운동에 함께 나섰던 것이다.

20만 명에 달하는 조국광복회는 민족해방투쟁 역사에서 조선 공산주의자들이 쌓아 올린 기념비적인 조직이다. 이들은 조선인민혁명군을 조국 해방의 주력으로 믿고 그 지도를 따르며 자신들의 운명을 맡겼다. 1930년대 후반 이후 민족해방운동은 백두산을 중심으로 전개되었고 민중은 그곳에서 울려 나오는 목소리를 진리로 받아들였다. 지역과 계층을 불문하고 실천에 나섰으며 기꺼이 목숨까지 바쳤다.

낚시터에서 떠오른 새 전략

1939년 가을, 조선인민혁명군은 올기강 밀영에 모여 추석을 맞았다. 그러나 대원들의 마음은 편치 않았다. 여름 내내 밀영에 머물렀던 중국인 지주의 동생과 조카의 존재가 마음에 걸렸기 때문이다. 이들은 화룡현 용담촌의 대부호 집안 출신으로 공산주의를 혐오해 온 인물들이었다.

그럼에도 김일성은 그들에게 폭력 대신 교양과 설득으로 접근했다. 그의 진심 어린 태도에 마음이 움직인 중국인 지주는 결국 유격대를 후원하는 든든한 동지가 되었다. 그는 밀영에 남겨둔 가족을 핑계 삼아 식량과 각종 원호 물자를 지속해서 보내왔다.

추석이 가까워지자 김일성은 밀영 노출의 위험을 감수하면서도 그들을 본가로 돌려보냈다. 대원들은 초조해했지만 김일성은 서두르는 기색 하나 없이 전령병과 함께 낚시터로 향했다. 3개월 전 올기강 전투에서 생포한 위만군 중대장이 일제가 대대적인 토벌 작전을 준비 중이라는 정보를 흘렸고 김일성은 그 대응 방향을 깊이 숙고할 시간이 필요했다.

안달하는 전령병에게 김일성은 이렇게 말했다.

"낚시는 고기 잡는 재미도 있지만 생각을 가다듬는 데도 그만이지. 시인은 글귀를, 발명가는 아이디어를 낚는 법이야. 자네도 낚싯대를 드리우며 문제를 풀어보게. 의외의 길이 보일 수도 있지 않나."

충분한 숙고를 마친 김일성은 유격대를 이끌고 안도현 화라즈 수림으로 자취를 감추었다. 이후 일본군 수색대가 올기강 일대의 골짜기, 능선, 나무 그루터기까지 샅샅이 뒤졌지만 조선인민혁명군의 그림자조차 찾지 못한 채 헛수고만 하고 돌아가야 했다.

계관라자에서 훙기하까지, 반격의 길

성전을 선포한 일제와의 첫 전투, 계관라자 전투

1939년 가을부터 1941년 봄까지 일제는 길림성, 통화성, 간도성 등 동북 3성 일대에서 동남부 치안숙정특별공작이라는 이름의 대규모 토벌 작전을 감행했다. 관동군 사령관 우메즈와 만주국 치안부 대신이 직접 지휘한 이 작전에는 일본군, 만주군, 경찰, 반 군사 조직 등을 포함해 20만여 명이 동원되었다.

일제는 이 작전을 '성전(聖戰)'이라 칭하며 국가적 총력을 기울이는 필연적 전쟁으로 포장했다. 작전의 규모는 이전보다 몇 배나 커졌고 투입된 비용은 13배 이상 증가했으며 범위 역시 길림, 통화, 간도를 넘어 목단강성의 영안까지 확대되었다.

이 당시 상황에 대해 김일성은 다음과 같이 회고했다.

"중일전쟁과 할힌골 전투에서 잇따른 실패로 일본군 내부는 몹시 동요했습니다. 석 달이면 끝날 거라던 중일전쟁은 2년이 넘도록 승산이 보이지 않았죠. 일본 군부 안에서는 조선인민혁명군의 배후 교란, 후방 불안정, 보급로 차단, 전쟁 심리의 혼란 등이 패전의 주된 원인이라는 인식이 확산됐습니다. 결국 그들은 조선인민혁명군을 제압하지 않고는 중일전쟁도, 대소련 작전도 성공할 수 없다는 결론에 이르렀습니다. 동남부 치안숙정특별공작은 바로 이러한 판단에서 비롯된 총력전 체제의 결과였습니다."

김일성은 적의 병력과 자원이 압도적으로 증가한 이 국면을 타개하기 위해 새로운 전술을 준비했다. 그것이 바로 대부대 선회 작전이다. 이 작전은 간단히 말해 대부대를 이끌고 비밀 통로를 따라 넓은 지역을 장기적으로 유동하며 적을 유인하고 섬멸하는 전술이다. 단순히 이동만 하는 것이 아니라 지역별 전투에서 적을 소탕하고 주도권을 잡는 것이 핵심이었다.

첫 선회 방향은 돈화와 액목의 서쪽으로 설정되었고 이후 몽강, 무송, 장백을 거쳐 간도 남단으로 되돌아오는 1년가량의 장기 계획이었다. 작전의 성공을 위해서는 이동 경로의 비밀 유지와 식량 확보가 관건이었다. 한 번이라도 정보가 누설되면 일본군의 '진드기 전술'에 걸려 포위망에 빠질 위험이 있었다.

1939년 10월 6일, 김일성은 안도현 양강구에서 대부대 선회 작전의 시작을 공식 선언했다. 작전 초기 안도 일대에서 활동하던 주력 부대는 계관라자 부근에서 일본군의 매복을 맞닥뜨렸다. 계관라자란 산봉우리가 닭 볏처럼 생겨 붙여진 이름으로 지형상 매복에 유리한 지역이었다. 일본군은 먼저 이 고지를 점령하고 숨어있다가 조선인민혁명군이 지나가자 곧바로 집중 사격을 퍼부었다.

전투 초반 사령부는 다소 고전했지만 김일성은 대오를 고지 아래 벌판의 움푹 파인 지역으로 이끌었다. 그 지점은 고지 위의 일본군이 시야로 확인할 수 없는 사각지대였다. 조선인민혁명군이 시야에서 사라지자 일본군은 고지를 내려와 벌판을 포위하고 함성을 지르며 돌격해 왔다. 그러나 이들은 이미 옆 고지로 이동해 매복하고 있던 조선인민혁명군의 기습에 큰 타격을 입었다. 계관라자 전투는 일제의 동남부 치안숙정특별공작 중 일본군 노조에 토벌대가 처음 맞닥뜨린 전투였고 조선인민혁명군은 전술적 우위를 통해 기선 제압에 성공했다.

대부대 선회 작전의 시작, 돈화 원정

1939년 11월 하순, 조선인민혁명군은 대부대 선회 작전의 첫 단계인 돈화 원정을 시작했다. 부대는 이도강을 따라 야간 행군을 이어갔고 날이 밝자 발자국을 감추고 숲속에서 휴식을 취했다. 이들은 '외발 자국 행군법'이라 불리는 방식으로 움직였다. 이는 열 명, 백 명이 걸어도 마치 한 사람만 지나간 것처럼 선두의 발자국 위에 나머지 대원이 정확히 발을 맞춰 디디는 전술이었다. 이 방식으로 행군 방향을 바꾸면 적은 진로를 추적하지 못하고 여기저기 헤매다 기진맥진하게 된다. 조선인민혁명군은 이 전술로 화룡과 안도 일대의 적을 유인한 뒤 수백 리를 강행군해 돈화 오지인 사도황구에 도착했다.

1939년 12월 17일 밤, 조선인민혁명군은 육과송 목재소를 기습해 적의 내무반을 점령하고 이어 벌어진 쟈신즈 전투에서도 큰 승리를 거두었다. 특히 이 전투의 가장 큰 성과는 육과송 목재소의 노동자 200여 명이 조선인민혁명군에 입대한 일이었다. 대규모 노동 계급 출신 청년들이 조선인민혁명군에 들어온 것은 처음 있는 일로 혁명 진영에서는 큰 경사로 받아들여졌다.

노조에 주둔하던 일제 토벌 사령부는 이 소식에 충격을 받았다. 조선인민혁명군이 안도를 벗어나 돈화 지역의 일본 군사 거점을 연이어 기습하자 그 이동 경로와 전술을 파악하지 못한 일본군은 당혹감을 감추지 못했다.

한편, 김일성이 이끄는 주력 부대는 송화강 유역 깊숙한 수림 속에서 신입 대원을 환영하는 행사를 열었다. 예술 공연과 함께 열린 이 모임은 대부대 선회 작전의 첫 성공을 자축하고 전투

성과를 총정리하는 뜻깊은 자리였다.

유동 전술의 진화, 백석탄과 대마록구

1940년 1월 초, 조선인민혁명군은 돈화 원정의 성과를 정리한 뒤 송화강 수림을 빠져나와 무송현 백석탄 밀영으로 이동했다. 이곳에서는 약 40일간의 겨울 군정 학습이 이어졌는데 돈화 지역에서 입대한 200여 명의 노동자를 조선인민혁명군의 일원으로 양성하고 훈련하기 위한 과정이었다.

그러나 2월 하순, 일본군이 이 밀영의 위치를 파악하고 항공대와 협력해 대규모 토벌 작전에 나섰다. 김일성은 병력을 분산시키고 사령부는 끝까지 밀영에 남아 적을 유인한 후 밤중에 조용히 철수했다. 이를 눈치채지 못한 일본군은 밀영을 급습했고 날이 밝자 자기편을 도우러 온 항공기가 오히려 일본군을 향해 폭탄을 투하하는 해프닝이 벌어졌다. 폭음에 당황한 일본군이 우왕좌왕하는 틈을 타 조선인민혁명군의 기습 사격이 시작되었고 그 결과 일본군 보병은 아군의 항공대와 조선인민혁명군의 협공을 받아 대규모 피해를 당하고 궤멸 상태에 이르렀다.

밀영을 빠져나온 조선인민혁명군은 백두산 쪽으로 방향을 바꿔 뒤따라오는 적을 교란했다. 이어 이도백하를 건너 내도산, 삼도백하, 사도백하를 지나 두만강 근처의 대마록구를 목표로 정찰조를 파견했다. 이는 국내 진출 가능성을 타진하기 위한 정찰이었지만 국경의 경비가 너무 삼엄해 정찰조는 두만강을 넘자마자 추격을 받았고 결국 철수해야 했다.

김일성은 국내 진출 계획을 잠시 보류하고 부족한 식량을 보충하기 위해 두만강 인근의 대마록구 목재소를 기습하기로 결정했다. 1940년 3월 11일, 정찰조가 다시 대마록구로 투입되었다. 보고에 따르면 이곳은 평소 일본군 500여 명이 주둔하는 거점이었지만 당시 대부분의 병력이 청산리 방면 토벌 작전에 나가고 소수의 경비병만 남아있는 상황이었다.

조선인민혁명군은 재빨리 기습을 단행해 불과 10분 만에 경찰대 본부와 내무반, 포대를 장악했다. 이 전투에서 막대한 군수물자와 식량, 무기를 노획했으며 특히 밀가루 700여 포대, 군복, 탄약, 총기는 유격대의 생존과 전투력 유지에 큰 도움이 되었다.

일본군은 조선인민혁명군이 남긴 발자국을 따라 깊은 산속까지 추격했지만 그것은 의도적으로 남긴 허위 흔적이었다. 새벽이 밝자 그들은 자신들이 원래 출발한 지점으로 되돌아온 사실을 깨닫고 허탈감에 빠졌다. 적들이 허둥대는 동안 조선인민혁명군은 이미 안도현 화라즈 밀영에 도착해 숙영하며 전투의 피로를 풀고 있었다.

홍기하 전투와 마에다 토벌대의 최후

화라즈 밀영에서 재정비 중이던 조선인민혁명군은 다시 한 번 일본군 토벌대의 추격을 받았다. 이번에는 악명 높은 마에다 중대장이 이끄는 부대였다. 마에다는 화룡현 경찰 토벌대의 지휘관으로 잔혹한 전투로 명성을 떨치며 여러 차례 포상을 받은 인물이었다.

조선인민혁명군은 생눈길을 조심스럽게 내며 이동했지만 마에다 토벌대는 유격대가 남긴 발자국을 그대로 따라 행군했기 때문에 속도가 훨씬 빨랐다. 게다가 혹한과 영양실조로 인해 '쫄라병'에 걸린 유격대원들이 속출하면서 일본군과의 거리는 점점 좁혀지고 있었다.

조선인민혁명군이 대마록구 골짜기 상류의 홍기하에 도착했을 무렵 날은 어둑해지고 있었다. 홍기하는 적이 화라즈 방면에서 퇴각하려면 반드시 지나야 하는 요충지였으며 한 번 매복에 걸리면 벗어나기 어려운 협곡이었다. 김일성은 이 지형을 활용해 마에다 토벌대를 유인하여 섬멸하기로 결심했다.

3월 25일 새벽, 조선인민혁명군은 소마록구 방향으로 이동하는 척하며 홍기하 양편 고지에 매복했다. 오른쪽 봉우리는 기관총 소대와 경위 중대가, 왼쪽 고지에는 제7연대와 제8연대가 배치되었다. 일부 병력은 계곡 아래로 내려가 발자국을 남긴 뒤 올라오며 흔적을 지워 적을 유인했고 골짜기 깊숙한 곳에서는 방차대가 유인 부대 역할을 맡아 적을 기다렸다.

오후 6시경, 일본군 첨병이 골짜기에 들어섰고 곧이어 군도를 찬 마에다가 매복 지역 중심부로 진입했다. 그는 지형과 발자국을 유심히 살피며 수상함을 느꼈지만 머뭇거리는 사이 토벌대 본대가 매복권에 완전히 들어섰다. 마침내 사격 신호가 떨어졌고 첫 일제 사격에 적의 절반 이상이 쓰러졌다. 마에다는 북쪽 고지를 점령하려 시도했으나 수풀 속에 매복한 조선인민혁명군의 맹렬한 측면 사격에 번번이 저지당했다. 그는 끝까지 돌격 명령을 내리며 저항했지만 결국 전사하고 말았다.

홍기하 전투는 조선인민혁명군의 완승으로 끝났다. 마에다를 포함해 140여 명의 적을 사살하고 30여 명을 포로로 붙잡았으며 기관총 6정, 보총 100여 정, 권총 30여 정, 무전기 1대, 수만 발의 탄약 등 막대한 군수품을 노획했다.

이 전투는 대부대 선회 작전의 마지막 전투로 기록되었다. 동남부 치안숙정특별공작을 통해 조선인민혁명군을 괴멸시키겠다고 장담하던 일본군은 토벌 중대가 전멸하는 참패를 당하자 당황한 나머지 갈팡질팡하며 무기력하게 무너졌다.

7부

자력으로 해방을 이루다

HISTORY OF LIBERATION

소부대 활동으로의 전환

소할바령 회의

1940년대 초, 일제는 조선인민혁명군을 몰살시키겠다는 집념으로 물적, 인적 자원을 총동원했다. 그해 여름, 유격대는 포로로 잡은 일본 공병 장교를 통해 일제가 간도 일대에 방대한 군용 도로망을 건설하고 있다는 사실을 파악했다. 이 도로망은 안도현을 중심으로 화룡, 연길, 돈화, 화전, 무송 그리고 백두산 동북부의 깊은 골짜기까지 연결되어 있었으며 유격대를 신속히 추격하고 포위하기 위한 토벌용 기동로였다.

김일성은 이 정보를 분석한 끝에 무모한 전투보다는 혁명 역량을 보존하고 축적하는 것이 조선 독립을 위한 전략적 과업이라고 판단했다. 이에 따라 1940년 8월 10일부터 이틀간 열린 소할바령 회의에서 김일성은 조국 광복의 대사변을 맞이하기 위한 전략 방침을 보고했다.

"유능한 정치, 군사 간부를 육성하고 무모한 전투로 인한 손실을 피하면서 혁명 역량을 보존 및 축적하는 것이 가장 중요한 전략적 과업이다. 이를 위해 대부대 작전에서 소부대 활동으로 전환해야 하며 광범위한 반일 대중 속에서 정치 사업을 확대해야 한다. 이는 조국 광복 시기 민중 항쟁과 대부대 작전을 결합하기 위한 준비다."

이는 단순히 일제의 공세 강화에 대한 피동적 대응이 아니라 코민테른의 권고와 국제 정세에 대한 신중한 판단을 반영한 포괄적인 전략 변화였다. 일부 대원들은 소부대 활동으로의 전환에 원칙적으로 동의하면서도 적의 대병력에 의해 각개 격파당할 위험을 우려했다. 이에 김일성은 다음과 같이 설득했다.

"대부대 전성시대는 이미 지나갔다. 적들이 대병력을 동원해 조선인민혁명군을 한 번에 소탕하려 할 때 우리가 대부대 작전을 계속 고수한다면 이는 적의 계책에 빠져 자멸을 부를 뿐이다."

소부대 활동의 시작

1940년 가을부터 일제는 조선인민혁명군을 섬멸하기 위해 대규모 토벌을 본격화했다. 간도 지구 토벌대 본부를 도문에 설치하고 길림에 있던 노조에 토벌 사령부는 연길로 옮겨졌다. 두만강 연안의 주요 능선마다 일본군 토벌대가 깔렸으며 인적 드문 산골과 마을에는 정탐꾼과 투항 및 변절자로 구성된 귀순공작반이 활개를 쳤다.

그러나 조선인민혁명군은 소할바령 회의 이후 소부대 활동에 돌입하며 새로운 전술로 대응해 나갔다. 그 첫 번째 성과는 1940년 8월 중순 연길현 도목구로 향하던 중 벌어진 황화전자진펄 전투였다.

사령부 부대가 외나무다리를 건너던 중 매복해 있던 적이 기관총 사격을 퍼부으며 전투가 시작되었다. 하지만 조선인민혁명군은 빠른 기동으로 대부분 탈출했고 기만전술로 인해 후속 부대로 밀려온 일본군은 서로를 오인해 교전을 벌이는 혼란에 빠졌다. 이 전투는 소부대 활동 전환 이후 첫 번째 승리였으며 새로운 전략이 실효성을 갖는다는 신호탄이 되었다.

이어 8월 하순에는 연길 발재툰 일대에서 3개 습격조가 협동작전을 펼쳐 적을 격파했다. 9월과 10월에는 안도현 오도양차 전투와 황구령 전투에서 연속된 승리를 거두며 조선인민혁명군의 소부대 전략이 점차 본격화되었다. 소부대들은 때로는 연합작전을 통해 대규모 전투도 수행하며 동북 만주와 북부 국경 지대는 들끓는 가마처럼 전투 열기로 뒤덮였다.

1940년 말까지 동만, 남만 일대와 조선 북부 국경에는 수많은 소부대가 출현해 적의 병영과 주둔지, 경비 초소를 습격했다. 이들은 적의 후방을 교란하고 병력을 타격하는 동시에 민중 속에서 정치 공작도 병행해 나갔다.

오백룡 소부대는 연길, 화룡, 안도 일대에서, 김일과 손장상의 소부대는 훈춘과 동녕에서, 박성철과 윤태홍의 소부대는 동녕, 영안, 목릉, 오상 등지에서 끊임없이 전투를 전개했다. 이처럼 조선인민혁명군의 유연하고 광범위한 활동 속에 일제의 토벌 작전은 점차 균열을 일으키며 붕괴되어 갔다.

소부대 활동을 통한
조국 해방의 전략

하바롭스크 회의, 조선 혁명의 방향을 모색하다

1940년 초, 조선인민혁명군이 화라즈 밀영에서 대부대 선회 작전을 앞두고 군정 학습을 진행하던 중 코민테른 파견원이 찾아와 두 가지 요청을 전달했다. 첫째는 조선인민혁명군과 동북항일연군 제1로군 대표를 만주 빨치산 지휘관 회의에 파견해 달라는 것이고, 둘째는 항일 유격대들이 당분간 만주에서 일본군과의 대규모 전투를 자제해 달라는 것이었다.

이는 1941년 6월로 예정된 독소전을 앞두고 소련이 일본과의 충돌을 피하고자 만주 지역의 항일 세력과 협의하려는 취지였다. 그러나 당시 조선인민혁명군은 일제의 대공세에 대응해 대부대 선회 작전을 준비 중이었기에 이 요청을 받아들이지 않았다.

그해 가을, 조선인민혁명군이 소부대 전술로 전환한 이후 코민테른 파견원은 다시 찾아와 하바롭스크에서 조선, 중국, 소련의 군사 지휘관들이 회의를 열 예정이니 김일성과 위증민 등이 소련으로 들어와 향후 활동 방향을 논의하자고 제안했다. 이번에는 김일성이 이를 수락했다. 유격대가 원동에 거점을 두고 소부대 형태로 만주와 국내를 오가는 것이 전략적으로 유리했기 때문이다.

1940년 12월부터 1941년 3월까지 하바롭스크에서 개최된 회의에는 동북항일연군과 조선인민혁명군의 지휘관들이 참석했다. 소련 측에서는 류쉔코 장령을 비롯한 고위 인사가 참석했다. 회의의 핵심 쟁점은 앞으로 조선인민혁명군과 동북항일연군의 활동 방식에 관한 내용이었다.

소련 측은 조선인민혁명군과 동북항일연군을 소련군 체계에 통합하자고 제안했다. 이는 독소전이 임박한 상황에서 만주의 항일 부대가 일본의 소련 침공 명분이 되는 것을 차단하기 위해 항일 세력을 소련군의 통제 아래 두려는 의도였다. 그러나 동북항일연군 측은 이 제안에 강하게 반발했다. 회의가 난항을 겪자 소련 대표는 류쉔코에서 쏘르킨으로 교체되었다. 이에 대해 김일성은 다음과 같은 입장을 밝혔다.

"쌍방에 다 이로운 연합과 협동 방식이라면 반대할 이유가 없다. 내가 반대하는 것은 어느 한쪽이 다른 쪽을 무시하거나

서로의 독자성을 인정하지 않는 일방적인 통합이다. 조선인민혁명군은 동북항일연군과 함께 싸우면서도 독자성을 유지해 왔다. 나는 조선인민혁명군을 소련군에 배속시키자는 제안에 반대한다. 그것은 형식과 내용에서 우리의 독자성을 무시하는 것이기 때문이다. 공동 투쟁의 형식과 방법은 소련에 도움이 되어야 할 뿐 아니라 조선 혁명과 중국 혁명의 이익에도 부합해야 한다."

오랜 논의 끝에 하바롭스크 회의는 조선인민혁명군과 동북항일연군이 향후 활동의 기본을 소부대 활동, 군중 공작, 조직 건설, 실력 배양에 둔다는 방침을 채택했다. 이는 이미 조선인민혁명군이 소할바령 회의에서 결정한 전략과도 일치하는 방향이었다.

북만 동북항일연군 조선인 지휘관들과의 역사적인 만남

조선인민혁명군 사령부가 소련 원동에 도착했을 무렵 북만 지역에서 활동하던 조선인 출신 항일유격대원들이 먼저 와 있었다. 그중에는 김책과 최용건도 포함되어 있었다. 김책은 중국공산당 북만성위 서기이자 동북항일연군 제3로군 대표로, 최용건은 제2로군 참모장 자격으로 회의에 참석했고 이들은 하바롭스크에서 김일성과 처음으로 대면했다.

김책과 최용건은 오래전부터 김일성과의 만남을 고대해 왔다. 김책은 1930년 길림까지 왔지만 끝내 김일성을 만나지 못했고, 최용건은 간도에 네 차례나 연락원을 보낼 정도로 만남을 원했다. 그렇게 10여 년을 기다려온 끝에 마침내 하바롭스크에서 그들의 만남이 성사된 것이다.

당시 김책은 김일성보다 9살 연상이었고 동북항일연군 내 지위도 더 높았다. 그런데도 그는 소련과 중국 측 인사들 앞에서 김일성을 조선 혁명의 지도자로 내세웠다. 이는 김책이 '혁명은 영도 중심이 있어야 한다'는 신념을 확고히 가지고 있었기 때문이었다. 김책은 김일성과의 만남 이후 가장 가까운 동지로서 변함없는 신뢰와 협력 속에 조선 혁명의 주체 노선을 실현하기 위해 함께 투쟁했다.

1941년 소부대 활동

1941년 4월, 조선인민혁명군은 소련 원동 남쪽 야영지에서 소부대 활동 방침을 논의했다. 이 시기부터 유격대는 활동 반경을 조선 남단과 일본 본토까지 확대해 나갔다. 새로운 비밀 근거지 구축, 유격대 확대, 습격, 매복, 파괴전과 같은 후방 교란 작전만 아니라 광범위한 군사 정찰도 함께 전개되었다. 사령부는 백두산과 원동을 오가며 국내 및 동남만 일대의 소부대 활동을 지휘했고 귀환한 유격대원들에게는 현대전에 대비한 훈련을 병행시켰다.

4월 말, 김일성은 비교적 많은 인원을 이끌고 원동 남쪽 야영지를 떠나 만주를 거쳐 백두산 동북부로 향했다. 5월 초, 왕청현 쟈피거우에 도착한 그는 김일 소조에 임시 근거지 구축과 소부대 및 조직 활동의 통합적 지휘 임무를 맡겼다. 임춘추 소조는 온성 일대로 파견되어 지역 조직과의 연계를 보장하고 혁명 조직 복구 작업에 착수했다. 류경수가 이끄는 소부대는 화전과 돈화 방면으로, 정치 일꾼 소조는 장백, 처창즈, 백두산 지구 등지로 파견되어 지하 조직 확대에 나섰다.

일소 중립 조약 체결

1941년 4월 13일, 일본과 소련은 일소 중립 조약을 체결했다. 일본은 소련이 독일과의 전쟁으로 국력이 소모된 틈을 타 훗날 침략할 기회를 엿보았고, 소련은 독소전에 집중하는 동안 일본의 공격을 피하기 위한 외교적 선택이었다.

그러나 이 소식은 조선인민혁명군과 국내 민중에게 큰 충격을 안겼다. 소련의 힘으로 조국 해방이 이루어질 것이라 기대했던 일부 항일 활동가들은 소련이 일본과 협정을 맺었다는 사실에 크게 동요했다.

김일성은 이러한 반응을 사대주의의 잔재로 보았다.

"우리의 힘으로 조선 혁명을 완수하자!"

그는 조선 혁명에 대한 주체적 입장을 더욱 확고히 하며 필승의 신념을 바탕으로 무장력 강화에 힘을 모아야 한다고 호소했다.

소부대의 국내외 진출과 활동

1941년 6월 22일, 독일이 소련을 침공하며 유럽 전선이 격화되자 조선인민혁명군 사령부는 7월 온성에서 회의를 열고 새로운 정세에 따른 전략을 논의했다. 이어 7월 28일 중국 왕청현에서 열린 회의에서는 "조성된 정세는 우리에게 혁명의 기치를 더욱 높이 들고 조국 해방을 이룩하기 위하여 과감하게 투쟁할 것을 요구하고 있다."고 강조하며 소부대 활동을 한층 더 강화할 것을 결의했다.

8월 초, 김일성은 왕청-라자구 도로 공사장을 기습해 일본군을 혼란에 빠뜨렸고 안길, 김일, 류경수 소부대들도 국내와 동만, 소만 국경 지대에서 적의 병참 기지와 군수 수송로를 타격했다. 이후 김일성은 9월 중순 다시 만주와 국내로 진출했으며, 10월에는 두만강을 넘어 경원군에서 소부대와 소조 및 혁명 조직 책임자 회의를 소집하고 향후 활동 방향을 제시했다.

1941년 말에는 강건 소부대가 신가점 인근 철도선에서 장갑

차와 탄약 수송 차량을 폭파시켰고, 박성철 소부대는 1942년 봄부터 9월까지 동녕, 영안, 교하, 오상 일대에서 유격전을 전개했다. 김일 부대는 연길현 천보산에 임시 근거지를 마련하고 연길, 화룡, 안도 및 국내 북부 지역에서 군사 공격을 감행하며 조직 복구에도 힘썼다. 안길, 최기철, 오백룡, 김성국 소조는 웅기, 청진, 원산, 낙산 등 항만 지구를 정찰하고 평양과 나진 등 국내 깊숙한 지역까지 침투해 군사 정보를 수집했다.

이 같은 소부대 활동은 큰 성과를 거두며 소할바령 회의에서 결정된 소부대 전술의 타당성을 입증했다. 소규모 유격대 활동만으로도 적에게 정치, 군사적 타격을 입히고 민중들을 반일 항전으로 고무시킬 수 있었으며 조선인민혁명군과 민중이 함께 총력 항쟁을 벌인다면 일제를 무너뜨리고 해방의 날을 앞당길 수 있다는 확신을 심어주었다.

조국 해방을 위한 준비

연사 회의와 당 건설 준비

1943년 초 세계 정세는 급변하고 있었다. 소련군은 스탈린그라드 전투에서 대승을 거두며 독소전에서 주도권을 잡았고, 일본은 중국 전선에서 벗어나지 못한 채 태평양 전쟁에서도 연패를 거듭하고 있었다. 이러한 시기 조국 해방의 최후 결전을 준비하던 조선인민혁명군 사령부에게 전국적 차원의 당 조직 건설은 더 이상 미룰 수 없는 과제가 되었다.

1943년 2월 초, 김일성은 김일, 안길, 류경수 등 지휘 성원들과 함께 연사 지구로 나섰다. 2월 7일 밤, 사령부는 얼어붙은 두만강을 건너 2월 9일 연사군 우적골 숲속에서 전국 당 조직 책임자 및 핵심 당원들이 참석한 회의를 열었다. 회의에서 일부 참여자들은 당 창건을 공식 선포하자고 주장했으나 김일성은 아직은 시기상조라고 판단하며 지금은 전국 각지에서 당의 기층 조직을 보다 넓고 튼튼하게 확대하는 것이 우선이라고 강조했다.

우적골 회의를 계기로 청진, 함흥, 부산, 대구, 평양, 군산, 진주 등 전국 각지에서 당의 기층 조직이 활발히 건설되기 시작했다. 1943년 3월에는 평양에서 평남지구당위원회가 결성되었고, 1944년 12월에는 청진지구당위원회가 조직되었다. 이 밖에도 삼릉제련소, 일철 토목과 수도계, 삼릉 단야 부문 등 주요 산업 현장에 당세포가 속속 결성되며 지하 당 조직은 전국적으로 확산되어 갔다.

조국광복회 운동의 확대

조선인민혁명군 사령부는 1944년 7월과 1945년 6월 무산군 연사면 상단산의 비밀 임시 근거지에서 조국광복회 조직 책임자 회의를 개최했다. 이 회의에서는 민족적 단결을 더욱 확대하기 위해 조국광복회 운동을 전국적으로 확산시키자는 방침이 결정되었다.

당시 국내외의 여러 독립운동 세력도 조선인민혁명군의 활동에 주목하고 있었다. 중경 임시정부의 김구는 직접 연락원을 파견해 연계를 시도했으며 미국 내 교포들에게는 조선인민혁명군 지원을 위한 모금을 호소하기도 했다. 여운형 역시 1944년부터 연계 방안을 모색했으며, 조선독립동맹과 조선의용군도 협력을 위한 움직임을 보였다.

이처럼 조선인민혁명군은 단순한 무장 부대를 넘어 조선 민중의 희망이 모이고 국내외 독립운동 세력들이 협력하는 중심축으로 떠올랐다.

조·중·소 3국의 무장력 연합 실현

1941년 하바롭스크 회의에서 소련은 동북항일연군과 조선인민혁명군을 소련군에 통합시키기를 원했지만 중국 측의 강한 반대로 무산되었다. 이에 김일성은 각국의 독자성을 상호 존중하는 조건 아래 연합하자는 타협안을 제시하며 이를 구체화한 국제연합군 편성을 제안했다. 국제연합군은 세 나라의 무장력이 하나의 군사 체계로 연합하되 각국의 독자성을 유지한 채 일제를 격멸하기 위한 공동 작전과 행동을 수행하는 형태였다.

1942년 7월 중순 조선, 중국, 소련의 군사 지휘관이 모여 무장력 연합 문제를 최종적으로 협의한 끝에 조선인민혁명군과 동북항일연군의 독자성을 유지하면서 국제연합군을 편성하기로 결정했다. 당시 일소 중립 조약이 유효했기 때문에 국제연합군의 존재와 활동은 철저히 비밀에 부쳐야 했고 이를 위해 축소 편성의 원칙을 세워 여단 규모로 구성하기로 했다.

국제연합군의 공식 명칭은 소련 원동군 독립 제88여단이었으며 대외적으로는 제8461 보병 특별여단으로 불렸다. 8월 1일, 원동 기지에서 국제연합군의 편성이 공식적으로 선포되었다. 김일성은 조선인민혁명군과 동북항일연군 제1로군으로 구성된 제1지대의 지휘를 맡았다. 제1지대는 국제연합군 내 조선 부문을 담당하는 부대였으며 군사 정치 일꾼들의 안전을 위해 군사 등급은 실제보다 낮게 책정되었다.

국제연합군의 사명은 조·중·소의 무장력이 공동 작전을 통해 일제를 격멸하는 데 있었다. 이를 위해 정치, 군사 일꾼을 양성하고 소부대 활동을 통해 일제의 전쟁 능력을 약화시키며 대일 작전에 필요한 군사 정찰과 적 후방 교란 작전을 폭넓게 전개하는 것이 주요 임무였다.

조국 해방의 3대 노선과 전민항쟁 준비

1943년 파시즘 국가들이 쇠퇴하기 시작했다. 그해 1월, 원동 북부의 야영 기지에서 열린 작전 회의에서 김일성은 일제와의 최후 결전을 준비하자는 전략을 제시했다. 정세가 무르익으면 조선인민혁명군이 총공격을 감행하고 국내 민중이 이에 호응해 봉기를 일으키며 동시에 조선인민혁명군 소부대와 국내 무장 조직들이 배후에서 연합 작전을 전개하여 조국 해방의 위업을 달성하자는 구상이었다.

이 전략은 조선인민혁명군 총공격, 전민 봉기, 배후 연합 작전의 세 가지 방향으로 정리되었으며 이를 조국 해방의 3대 노선으로 확정하고 2월 신흥 무두봉 밀영에서 실현 방도를 논의했다. 사령부는 먼저 근거지를 건설하고 이를 바탕으로 전국적인 전민항쟁 역량을 구축해 나가기 시작했다.

1943년 2월을 전후로 각지에서 무장 조직이 잇따라 결성되었다. 평안북도에서는 장봉 노농단, 철산 애국단, 삼봉산 인민무장대, 바래봉 무장대 등이, 함경북도에는 곰산 노농무장대, 까치봉 무장대, 무산광산 백의사, 부령 무장대 등이 조직되었다. 함경남도에서는 대진평 항일결사대, 구국청년회, 문천 인민무장대가 등장해 최후 결전을 준비했다.

중부와 남부 지역도 예외는 아니었다. 평양에서는 조국해방단이 활동을 시작했고 평안남도, 황해도, 강원도 일대에서는 안주 무장봉기 조직, 수양산 무장대, 멸악산 결사대, 금찬체적산 결사대 등 다양한 무장 조직과 결사체가 활발히 결성되었다.

서울에서는 1942년 김일성대라는 조직이 결성되었다. 이들은 김일성 부대에 합류해 항일 투쟁에 참여하겠다는 목표 아래 서울, 제주 모슬포, 나아가 일본 본토까지 활동을 확대했다.

1944년 봄에는 경성제국대학 출신들이 중심이 되어 성대 비밀 결사를 조직하고 원산, 마산, 서울 등지에서 무장봉기를 준비했다. 이 밖에도 서울에서는 풍인친목회, 무장봉기 준비 결사 등 다양한 지하 조직이 활발히 움직였다.

경남 진주에서는 1942년 고려구국회가 결성되었으며, 1943년 10월에는 지리산 일대에서 징용을 피해 숨어 지내던 청년들이 광복무장대를 조직했다. 1944년에는 진해 해병단에 징집된 청년들이 김일성 부대에 합류하기 위해 탈출을 시도했고, 평양 주둔 일본군 제30사단 내에서도 반일 학도병 무장대가 결성되어 조선인민혁명군에 가담하려 했다.

일본 본토에서도 반일 조직은 지속해서 활동했다. 도쿄의 동맹회는 징병제를 역이용해 군사 훈련을 받은 뒤 유사시 일제에 총을 겨누자는 전략을 세웠고, 교토의 조선인 노동 청년들도 각지 공장에서 반일 조직을 결성해 조선 독립운동에 동참했다. 일제에 발각된 반일 지하 조직만 해도 180여 개에 달했으며 전체 조직원 수는 50만 명을 넘었다.

총공격을 위한 마지막 준비

1943년 2월, 스탈린그라드 전투에서 독일이 패배하면서 제2차 세계대전의 흐름은 연합군 쪽으로 기울었다. 1945년 2월 소련, 영국, 미국은 얄타 회담에서 독일 패망 이후 2~3개월 이내에 소련이 대일전에 참전하기로 합의했다.

1945년 5월 8일, 소련군이 독일 수도 베를린을 점령했고 다음 날인 5월 9일 독일이 소련에 항복함으로써 유럽 전선의 전쟁은 끝났다. 세계는 일본을 향한 마지막 전쟁 준비에 들어갔다. 그러나 일본은 끝까지 항전을 고집하며 조선을 제2의 결전장으로 삼아 본토 방어의 최후 거점으로 만들려 했다. 이는 조선을 거점으로 하여 일본 본토를 사수한다는 '조선 사수론'이었다. 일제 대본영은 국경 일대에 견고한 방어선을 구축하고 해군과 공군 병력을 대폭 증강했다.

김일성은 1945년 5월 10일 북부 야영 기지에서 조선인민혁명군 간부 회의를 열고 조국 해방 3대 노선에 따라 최후 공격 작전의 목표와 형식, 병력 편성, 소련군과의 연합 작전 방안 등을 결정했다. 이 회의에서 "모든 힘을 항일 대전의 최후 승리로!"라는 구호가 제시되었다.

당시 조선인민혁명군은 소련 북부 야영 기지의 본대와 조선 및 만주 지역에서 활동하는 소부대로 나뉘어 있었다. 본대는 총공격 준비를 진행했고 소부대는 임시 비밀 근거지를 거점으로 일본군 배후에서의 연합 작전과 전민항쟁 역량 구축에 주력하고 있었다.

김일성은 회의 직후 국내로 향해 무장 조직과 소부대에 최후 작전 계획을 직접 전달했다. 6월 4일, 간백산 밀영에서 열린 군정 간부 회의에서는 백암, 무산, 연사, 부령, 나진 등지에 진출한 무장 조직들에 구체적인 임무를 부여하고 소부대와 인민무장대의 전투 준비 상태를 점검했다.

"놈들은 조선을 최후 전선으로 삼아 결전을 시도하고 있습니다. 그러면 조선에 둥지를 튼 적들을 단숨에 쳐부수고 나라의 해방을 이룩하려면 어떻게 해야 하겠습니까? 우리는 이미 제시된 조국 해방 3대 노선에 따라 총공격, 배후 타격, 전민항쟁을 배합해 조국 해방을 실현해야 합니다."

이어 연사군 상단산 비밀 근거지에서는 전국 생산자돌격대,

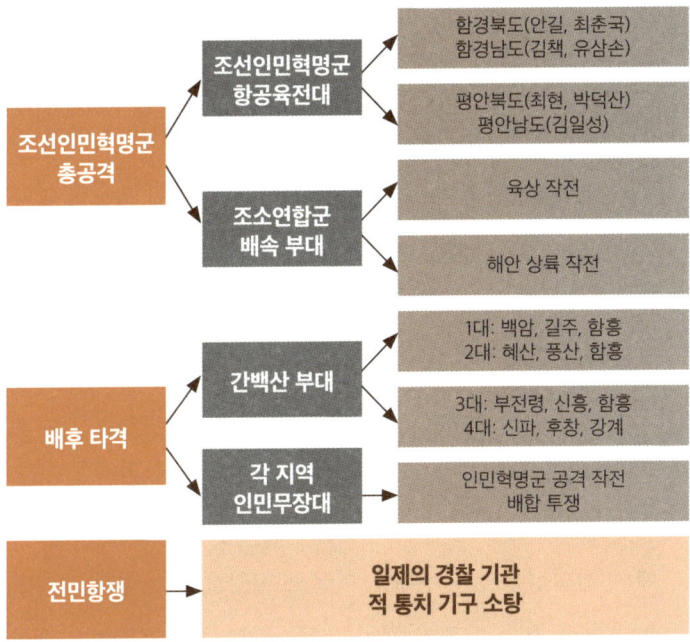

◦ 조국 해방의 3대 노선에 의한 최후 공격 작전 계획

노동자돌격대 책임자 회의를 열어 전민항쟁에서 반 군사 조직의 역할을 강조했다.

"조국 해방을 실현하는 데 있어 반 군사 조직의 기본 임무는 조선인민혁명군의 총공격에 호응하여 소부대, 소조들과 당 및 조국광복회 지도하에 해당 지역의 통치 기관, 군수 생산 및 수송 시설 등 주요 목표를 습격하고 헌병, 경찰, 친일 분자들을 숙청하며 혁명 조직과 군중, 전취물을 보호하는 것입니다."

6월 21일에는 청진 부거리 비밀 근거지에서 소부대 정치 공작 책임자들과 준비 상황을 점검했으며 이어 모스크바를 방문해 소련과의 연합 작전을 최종 조율했다. 7월 30일, 북 야영 기지에서 열린 군정 간부 회의에서는 최후 공격 작전 계획이 공식 발표되었다. 주요 지휘관들이 도별 작전을 책임지고 김일성은 평양과 평안남도를 직접 지휘할 예정이었다.

당시 조선인민혁명군의 각 부대는 국경 일대에서 작전 명령을 기다리고 있었으며 해병대와 공수부대는 상륙과 낙하 작전을 준비 중이었다. 국내의 소부대들도 주요 시설 타격을 위한 태세를 갖추고 있었다.

애초 김일성은 공수부대를 이끌고 평양으로 진입할 계획이었으나 소련 측의 비행기 제공이 취소되면서 계획을 변경해야 했다. 결국 그는 9월 19일 김책, 안길, 최현, 오진우 등과 함께 소련 군함을 타고 원산항으로 귀국했다.

전국에서 일어난 마지막 총공세

1945년 8월 9일, 소련은 일본에 선전 포고를 하며 전쟁에 돌입하자 김일성도 조국 해방을 위한 총공격 명령을 내렸다. 조선인민혁명군은 소련군과 함께 일본군을 소탕하는 조국 해방의 대성전에 들어갔다. 민족의 해방과 민중을 위해 목숨을 바쳐 싸우는 조선인민혁명군 모습에 소련군은 감탄했다.

육상 작전, 국경 요새 돌파전

토리 요새 기습 (8월 8일)

조국 해방 작전의 최대 과제는 두만강 연안의 국경 요새를 돌파하는 것이었다. 일본은 경흥, 나진, 웅기 요새와 만주의 훈춘, 동흥진 요새를 '난공불락의 방어선'이라 자랑했다. 조소 연합군이 이 방어선을 돌파하지 못한다면 총공격 작전의 승리는 장담할 수 없었다.

대일 전투 작전 회의에서 소련군은 이 요새 돌파를 크게 중시하지 않았지만 김일성은 총공격의 성패가 여기에 달려있다고 보고 8월 8일 밤 토리 요새를 선제 기습하자고 제안했다.

두만강 하구에 있는 웅기의 토리는 경흥과 나진 사이에 위치한 핵심 군사 요충지로 이곳이 무너지면 양 요새 모두 위협을 받게 된다. 오백룡 소부대는 폭우 속에 두만강을 기습 도하해 일본군 주재소를 급습했고 토리 일대를 해방시켰다. 증원 병력이 접근도 못 한 채 불타는 주재소를 바라보다가 철수했다. 같은 시각 만주의 훈춘 남별리와 동흥진에서도 기습이 성공하며 일본군 방어망에 혼란을 주었고 방어선의 약점이 드러났다.

이처럼 난공불락이라던 국경 요새들이 단숨에 점령되면서 조국 해방을 위한 돌파구가 열렸다. 이는 조선인민혁명군이 대일 전쟁의 결정적 전투에서 주도적으로 돌파구를 열며 해방의 선두에 섰다는 것을 의미한다.

경흥 요새 돌파 (8월 9일)

8월 9일 새벽, 조소 연합군은 경흥 요새 돌파 작전에 돌입했다. 전날 밤 유격대원들이 미리 침투해 통신선을 절단했고 포사격이 시작되자 다리를 폭파해 방어에 나선 일본군을 집중 사격으로 저지하며 교두보를 확보했다. 이 작전으로 청학동에 주둔하던 일본군 101혼성연대는 전멸했다. 이어 도주하는 적을 추격해 송진산, 강팔령, 어운동 골짜기 등지에서 격전을 벌였다. 국내 인민무장대와의 배후 연합 작전도 큰 성과를 거두었고 8월 14일에는 경흥 일대가 완전히 해방되었다.

훈춘, 훈용 해방 전투 (8월 9일~8월 13일)

8월 9일, 훈춘 요새 구역 돌파를 위한 치열한 전투가 벌어졌다. 조선인민혁명군의 배후 습격조는 항공기에서 적 후방에 낙하해 필사적으로 저항하는 일본군과 결사전을 벌이며 대반령 점령의 돌파구를 열었다. 일본이 난공불락이라 자부하던 두만강 연안의 국경 요새들은 속수무책으로 무너졌다.

훈춘을 해방한 부대는 곧바로 두만강 일대로 진격해 함북 경원군 훈융 해방 전투에 돌입했다. 일제는 나남 주둔 제19사단 제75연대 소속 1개 대대를 마유산 일대에 배치했으나 8월 9일 조소 연합군의 맹공에 패배했다. 13일까지 이어진 전투에서 일본군 2개 대대 이상이 전멸했고 훈융과 경원 일대는 8월 15일 해방되었다.

해안 상륙 작전

웅기 상륙 작전 (8월 11일)

8월 9일 새벽, 조소 연합군 해병대는 웅기와 나진에 있는 일본군 요새를 향해 함포 사격을 퍼붓고 본격적인 공격을 시작했다. 동시에 육상 부대는 경흥을 돌파해 경흥과 웅기 경계에 위치한 송진산의 일본군 진지를 타격하며 외곽 방어선을 무너뜨렸다. 이와 맞물려 해안 상륙 작전도 본격화되었다.

그러나 예상과 달리 웅기는 텅 비어 있었다. 무슨 일이 있었던 것일까? 상륙 작전에 앞서 웅기 지역의 지하 혁명 조직은 조소 연합군이 다른 지역으로 상륙할 것이라는 허위 정보를 퍼뜨렸다. 이에 속은 일본군은 병력을 만향고개 방면으로 이동시켰고 시내는 사실상 무방비 상태가 되었다. 8월 11일 밤, 오백룡 소부대가 상륙정을 타고 진입했을 때 별다른 저항 없이 웅기를 점령할 수 있었다. 일본군의 주요 거점이었던 웅기를 무혈 입성할 수 있었던 것은 지하 조직의 치밀한 사전 공작 덕분이었다.

웅기를 점령한 부대는 곧바로 동남 방향과 서수라 방면으로 진출했다. 서수라 쪽에서는 만향고개에 집결해 있던 일본군과 치열한 전투가 벌어졌다. 일본군은 영구화점을 거점으로 방어했지만 오백룡 선발대는 기세 높은 공격으로 만향고개를 점령했다. 이어 서포항 뒷산에 위치한 포병 진지를 급습해 여러 문의 포를 파괴했고 다음 날 새벽에는 토리, 용현, 경흥 일대를 돌파한 육상 부대와 합세해 웅기를 완전히 해방시켰다.

나진 해방 (8월 11일~8월 13일)

소련 태평양함대는 나진 상륙 작전이 치열한 전투가 될 것으로 예상했다. 나진에는 관동군과 방면군 직속 부대는 물론 보급 및 수송 부대와 수상 항공대 등 막대한 일본군 병력이 주둔하고 있었기 때문이다. 당초 계획은 소련 해안 상륙 부대와 나진 지구 인민무장대의 협공이었다. 그러나 상륙에 앞서 소규모 부대와 인민무장대가 일본군을 기습해 요새 사령부와 헌병대, 경찰서, 군수 창고 등을 타격하고 시내 대부분을 장악했다. 이후 대기 중이던 인민무장대가 투입되어 나진을 완전히 해방시켰다.

청진 해방 (8월 13일~8월 15일)

청진은 동해안 전선에서 가장 치열한 전투가 벌어진 곳이었다. 이곳에는 144경비대, 특설경비대, 공병대, 고사포 부대 등 일본군의 강력한 방어 병력이 집중되어 있었다. 8월 9일부터 조소 연합군의 공중 폭격이 시작되었고 11일에는 함포 사격이 더해졌다.

웅기와 나진에서 퇴각한 일본군은 철근령, 백사봉 산줄기, 장덕산, 무릉동 일대에 새로운 방어선을 구축했다. 이에 조소 연합 작전 지휘부는 부거무장대와 조선인민혁명군의 각 부대를 전략적으로 배치했다. 8월 12일 밤, 철근령에 매복해 있던 부거

무장대는 고개를 넘어가던 일본군 중대를 기습해 전멸시켰고 다음 날에는 경찰서와 고사포 진지를 차례로 공격해 파괴했다.

8월 13일 아침, 백학림 소부대가 함포 사격과 공군의 엄호를 받으며 청진항과 백사장 일대에 상륙해 본격적인 공격을 개시했다. 동시에 알등령에 매복한 부대는 패주하는 적을 격멸했고 정찰조와 교란조는 적 지휘부를 정밀 타격했다. 13일부터 14일까지 이어진 격렬한 전투 끝에 일본군은 결국 퇴각했다.

한편, 나선에서 진격한 부대는 14일 광주령에서 일본군을 타격한 뒤 상륙 부대와 협력해 청진 낙타봉과 수성천 일대의 적을 소탕했다. 8월 15일 아침, 청진 시내는 완전히 해방되었다.

간백산 밀영 부대의 진격 작전

1945년 8월 9일, 총공격 명령이 하달되자 간백산에 주둔하던 조선인민혁명군 부대들은 길주, 북청, 신흥, 강계 방면으로 진격했다. 이들의 주요 임무는 소부대 및 국내 무장봉기 조직들과 협력하여 마을과 도시를 해방하는 것이었다.

신흥 방면으로 진출한 부대는 8월 13일 이명수 목재소의 노동자 결사대와 함께 주재소와 영림서를 습격해 경찰 10여 명을 체포하고 적의 문서를 불태웠다. 이어 포태와 독산 일대의 경찰 기관, 영림서, 산림 보호소, 우편국 등을 연달아 공격하며 일본의 행정 통치 기관을 무력화시켰다. 이후 부대는 혜산으로 진격해 8월 15일 일본군과 헌병, 경찰 세력을 완전히 소탕했다.

강계 방면으로 향한 부대는 8월 14일 신파에 도착해 삼수 반일동맹의 신파 지구 무장대와 협력하여 신갈파 수비대와 경찰서를 습격했다. 한편 백암과 길주 방면의 부대는 길주 반일동맹 노동자돌격대와 연합해 군청과 일본 경찰 기관을 공격하며 지역 해방을 이끌었다.

무장봉기 조직의 배후 교란 작전과 전민 봉기

조소 연합군이 일본군을 밀어내며 국내로 진격하던 시기 전국 각지의 무장봉기 조직과 민중들 역시 전민항쟁으로 호응했다. 경흥, 경원, 나진, 부령, 청진 일대에서는 조선인민혁명군 소부대와 인민무장대, 당 및 조국광복회 등 혁명 조직들이 연합해 아군과 보조를 맞추고 적의 배후를 교란하는 작전에 돌입했다.

종성에서는 박달령 결사대가 삼봉으로 철수하던 일본군을 요격해 8월 15일 이전에 삼봉을 장악했고 다른 부대들은 동관, 방원 등지의 주재소를 연달아 습격하며 종성 일대를 점령했다.

회령에서는 8월 11일과 12일, 곰산무장대와 까치봉무장대가 원산리와 마유산 일대에서 일본군 패잔병 수백 명을 사살하거나 포로로 붙잡았다. 까치봉무장대는 13일부터 회령 해방 전투에 돌입해 14일에는 시가를 장악하고 비행기 5대와 고사포 수십 문, 수백 발의 탄약 등 전투 물자를 노획했다. 계림탄광 항쟁 조직도 주재소를 습격해 회령 해방에 기여했다.

무산, 경성, 성진 일대의 무장 조직들 역시 적극적으로 항쟁에 나섰다. 무산의 강선노동단은 8월 13일 강선동 주재소와 면사무소를 기습 점령했으며 밤에는 주초령에 집결한 일본군을 기습해 수십 명을 사살하고 30여 명을 포로로 붙잡았다.

경성의 용현 인민무장대는 일본군 화물 열차를 탈선시킨 뒤 주을 일대의 통치 기관과 군 주둔지를 습격했다. 명천과 성진의 무장대도 경찰 기관을 공격했으며 보천 일대 대진평 항일결사대는 8월 14일 대진과 대평의 주재소, 산림 보호구, 면사무소 등을 점령했다.

함흥에서는 시국연구회 산하 무장대가 8월 14일 경찰서를 습격했고, 단천에서는 조국광복회 단천지회와 코발트광산 반일회 소속 무장대가 13일 군 경찰서를 공격했다.

이원의 철산무장대는 8월 14일 나흥역을 점령했고, 안변의 광진단은 2개 조로 나뉘어 경찰서와 일본 통치 기관을 타격했다. 문천, 갑산, 북청, 홍원, 신흥 등지에서도 인민무장대가 곳곳에서 활약했다.

서북 지역에서도 무장 항쟁이 전개되었다. 신의주에서는 조국광복회 산하 신의주 운송주식회사 무장 조직이 일본군과 헌병, 경찰을 습격한 뒤 8월 13일 시내로 진입해 14일과 15일에 주요 경찰 기관들을 차례로 장악했다.

창성의 삼봉산, 비래봉 무장대는 신창과 남창의 주재소를 습격했고, 동창의 대유동 반일결사대는 8월 14일 면사무소 11군데와 주재소들을 공격하여 군 전체를 해방했다. 구성, 운산, 태천, 삭주, 의주, 강계, 희천, 위원 등지에서도 무장 조직의 습격전이 이어졌다.

중부 내륙 지역의 전투 열기 역시 뜨거웠다. 평양, 안주, 개천, 황주, 철원 일대에서는 일심청년회, 자모독립단, 대봉무장대 등이 일제 경찰 기관을 점령하고 군 전체를 해방했다. 개천, 신천, 개성, 수안, 해주 등지의 무장대들은 경찰서, 헌병대, 경방단, 비행장을 습격하고 비행기와 무기를 노획했다. 진주에서는 고려구국회와 광복무장대가 항쟁을 벌였다.

이 시기 전국적으로 대규모 반일 폭동도 확산되었다. 8월 12일 백암 곽지봉에서는 노동자 폭동이 발생했고, 15일에는 이원에서 1,000여 명의 군중이 읍을 점령했다. 문천, 개천, 서흥을 비롯해 평양, 서울, 함흥, 원산, 대구, 부산, 진주 등 전국 주요 도시에서도 반일 시위와 폭동이 잇따라 벌어졌다.

항복을 넘어서
민중이 완성한 해방

미국에 항복할 것인가, 소련에 항복할 것인가

1945년 8월 9일, 소련이 일본에 전면전을 선포한 지 일주일도 채 되지 않아 일본군은 치명적인 타격을 입었다. 미국이 8월 6일과 9일 히로시마와 나가사키에 원자 폭탄을 투하했지만 당시 일본은 여전히 조선 사수를 외치며 마지막 희망을 붙들고 있었다. 그러나 9일부터 시작된 한반도 전선의 급속한 붕괴는 마지막 기대마저 무너뜨렸다.

일본은 이제 연합국에 항복하는 길밖에는 다른 선택지가 없었다. 미국은 소련이 한반도 전역에 진입하기 전에 일본의 항복을 받기로 결정했고 '무조건 항복' 대신 천황제 유지를 받아들이는 조건으로 항복을 수락했다. 이후 소련이 제안한 공동 사령관 체제를 거부하고 미국 단독으로 연합국 사령관을 두는 방안을 강행하며 전후 일본 질서를 자국의 의도대로 재편해 나갔다.

한반도 문제에 관해서도 미국은 분주히 움직였다. 소련군이 한반도로 빠르게 진격하면서 나치 독일이 동유럽을 점령했듯 조선이 소련의 영향권에 들어갈 것을 우려했기 때문이다. 그러나 미군은 오키나와에서 약 900km, 필리핀에서는 2,400km 이상 떨어진 곳에 주둔하고 있어 즉각적인 진입이 불가능했다.

이에 따라 미국은 8월 10일 삼부조정위원회를 열고 딘 러스크가 제출한 '38선을 경계로 북쪽은 소련군, 남쪽은 미군이 점령한다'는 안을 채택했다. 이 안은 일본의 항복 이후 연합군의 군사 조치를 담은 일반명령 제1호에 포함되었다. 소련이 8월 14일 이 제안을 수용함에 따라 조선인민혁명군과 소련군은 더 이상 38선 이남으로 진격할 수 없게 되었다.

8월 15일, 일본은 무조건 항복을 선언했다. 일반적으로 일본이 원자 폭탄 때문에 항복했다고 알려졌지만 이는 단편적인 설명에 불과하다. 오늘날 많은 연구자는 미국의 원자 폭탄 투하가 일본을 겨냥한 것뿐만 아니라 소련에 대한 경고 메시지였다고 해석하고 있다.

항복 이후에도 계속된 일본의 군사 행동

그러나 일본은 항복 직후에도 한반도에서 순순히 물러나지 않았다. 미국은 일본을 대신해 한반도를 점령하려 했고 그때까지 조선인민혁명군은 빠르게 남하하며 해방 지역을 넓혀가고 있었다. 이를 저지하기 위해 미국은 38선을 설정하고 일본군을 동원해 조선 민중의 자주적인 해방운동을 억누르려 했다. 8월 15일, 미국은 일본 관동군 사령관에게 대륙명 제1381호를 보내 다음과 같이 지시했다.

"각 군은 따로 명령이 있을 때까지 각자의 임무를 계속 수행할 것. 단, 적극적인 진공 작전은 중지할 것. 군기를 엄격히 세우고 단결을 공고히 하여 일사불란하게 행동하며 치안의 동요를 막는 데 주력할 것."

이는 일본이 항복을 선언한 이후에도 미국이 일본군에게 무장을 해제하지 말고 치안 유지 명목으로 군사력을 유지하라는 의미였다. 이에 따라 일본은 경찰력을 대폭 강화하고 무장 병력을 치안 병력으로 재편성했다. 일본군 부대에서 선발된 4,000명의 병사는 경찰복을 입고 도심에 투입되었고 9,000명의 병사는 특별경찰대로 편성되었다.

조선총독부는 8월 16일 정치운동 단속 요령을 공포했고 같은 날 조선군 관구 사령부는 '민심 교란 행위를 엄벌하겠다'는 포고문을 발표했다. 이어 8월 18일, 미국은 "황국의 장래를 위해 싸우라"는 지시를 일본군에 전달했고 일본군은 방어 작전을 논의하며 나진과 웅기 지역에서 부대를 재편하고 반격을 준비했다.

일본군은 무장을 해제하지 않은 채 주요 도시에 출동했고 탱크와 장갑차까지 동원해 민중의 해방 투쟁을 강제로 진압했다. 8월 20일, 일본군은 경성에 병력을 투입해 민중을 무력으로 진압했으며 이후에도 식민 통치를 유지하려 했다. 심지어 8월 30일, 일본군 제160사단장은 라디오 방송을 통해 다음과 같이 발표했다.

> "종주권이 이양될 때까지 조선은 황국의 영토이며 조선 인민은 황국의 신민이다. 마땅히 천황의 뜻을 받들고 황국신민서사를 낭창하며 조용히 따라야 한다. 독립운동은 일절 허락하지 않는다. 조선 국기의 게양은 엄금한다. 치안 유지를 위한 단체 결성도 허용하지 않는다."
> -《조선 종전의 기록》중에서

이러한 사실은 일본의 항복이 어디까지나 미국을 향한 항복이었음을 분명히 보여준다. 진정한 해방은 외세의 결정이 아니라 민중 스스로 일제 잔존 세력을 몰아내고 식민 통치의 잔재를 청산하며 새로운 사회를 설계할 때만 실현될 수 있었다. 그 마지막 싸움의 선두에는 조선인민혁명군이 있었고 전국 각지에서 민중의 강력한 투쟁이 벌어지고 있었다.

일제의 군사적 저항을 분쇄하기 위한 전투와 전민항쟁

1945년 8월 15일, 일본의 항복 이후에도 조선인민혁명군은 군사 작전을 지속했다. 청진 시내를 해방한 부대는 수남과 수성천 일대에서 일본군과 치열하게 교전하며 평야 지대로 진출했다. 8월 18일에는 함경북도 도청 소재지였던 나남을 점령했다.

청진과 나남을 잃은 일본군은 관모봉 일대의 산악 지형을 활용해 저항을 시도했지만 조선인민혁명군은 이를 돌파하며 주을, 길주, 성진, 단천, 이원, 북청, 홍원 등을 차례로 점령하고 8월 20일 함흥에 도달했다. 함흥과 정평 사이에 집중적으로 배치되어 있던 일본군은 제대로 대응하지 못한 채 무더기로 투항했다.

다른 부대들도 간백산에서 경원, 남양, 회령 방면으로 진출하여 회령 남쪽까지 빠르게 전진했다. 광주령, 고무산, 무산, 백암 등지에서도 격렬한 전투가 전개되었고 함흥에서 일본군을 소탕한 부대는 평양과 철원 방면으로 진격했다.

이와 함께 조국광복회, 전민항쟁 조직, 민중들이 곳곳에서 무장봉기를 일으켜 군의 진격을 도왔다. 적위대, 보안대, 자치대,

자위대 등 다양한 명칭의 민중 무장 조직 중심에는 늘 혁명 조직 성원들이 있었다.

예컨대 어랑에서는 8월 16일 무장대가 면사무소를 점령하고 청년 100여 명에게 무기를 지급해 나남에서 퇴각하던 일본군을 요격하여 집단 투항을 끌어냈다. 백암을 해방한 부대는 길주로 진격했고 남계 자치대는 군용 열차를 탈취하여 일본군을 격멸하고 군수 물자를 노획했다. 덕산면 민경대는 일본군 패잔병 집결지를 습격해 섬멸했고, 성진 보안대는 식당에 모여있던 일본군을 무장 해제하고 경찰서를 점령했다. 삼지연 이명수 노동자돌격대는 8월 19일 퇴각하던 일본군을 격멸하고 기관총 10여 정, 보총 100여 정, 탄약 수천 발, 차량 10여 대와 다수의 말을 노획했다. 풍산 안산 후치령 생산유격대도 적을 격멸하고 기관총, 보총, 권총을 노획했으며, 갑산군 자치대원들도 8월 29일 수십 명의 적 패잔병을 생포했다.

평양에서도 치열한 전투가 벌어졌다. 8월 16일 노동자, 농민, 청년들이 결성한 적위대는 평양 시내에 남아 있던 일본군을 무장 해제하고 감옥을 점거하여 3,000여 명의 애국자를 석방했다. 이어 역과 병기창, 경찰서 등을 장악하고 도주하려던 일본군을 생포했다. 같은 시기 함흥, 강계, 신의주, 혜산 등지에서도 민중 무장 조직이 일본군과 식민 통치 기관을 무력화시켰다.

김일성은 이 시기를 다음과 같이 회고했다.

"1945년 8월에 우리나라에서 적 통치 체계가 왜 그렇게 빨리 허물어졌겠습니까? 그것은 우리의 전민항쟁 조직들이 도처에서 들고 일어나 일본 사람들이 틀고 앉아있던 통치 기관을 철저히 짓부수어 놓았기 때문입니다."

전국적으로도 반일 시위와 직접 행동이 들불처럼 번졌다.
"조선 독립 만세!"
"일제는 무장을 해제하라!"
구호가 울려 퍼졌고 총독부와 경찰서, 신사, 신문사, 방송국, 우편국 등이 습격당했다.

평양에서는 8월 15일 대중 시위가 일어났고 다음 날 감옥에 수감되어 있던 애국자 3,000명이 석방되었다. 이어 방송, 통신, 철도, 공장, 은행, 도청 등이 장악되었다. 강동 탄광 청년적위대는 군청을 습격해 친일 관리를 처단하고 군청을 점거했다. 강서 일심 광복회 회원들은 8월 중순 적송 면사무소를 장악했고 신의주에서는 2만 명이 봉기했다. 삭주, 의주, 안변, 이천, 해주 등지에서도 면사무소, 우편국, 은행 등을 점거하는 민중 항쟁이 확산되었다.

통계에 따르면 조선인민혁명군과 소련군이 이미 해방시킨 함경남북도를 제외하고도 8월 13일부터 23일까지 전국 1,000여 곳에서 무장봉기와 시위가 발생하여 일본의 통치 체계는 사실상 마비되었다.

민중은 해방 지역마다 인민위원회를 조직하여 새로운 질서를 만들어갔다. 예컨대 함경남도에서는 8월 말까지 3개 시, 16개 군, 129개 면 전역에 인민위원회가 결성되었다. 이처럼 우리 민중은 자주적인 독립 국가 건설을 향한 실천을 시작한 것이다.

우리 민족의 해방은 조소 연합군이 일본 관동군을 격멸하는 유리한 조건 속에서 조선인민혁명군과 민중 자체의 힘으로 이루어졌다. 김일성의 명령에 따라 펼쳐진 최후 공격 작전과 민중의 적극적인 전민항쟁, 배후 타격 작전은 일제의 식민 통치 체계를 붕괴시키고 해방을 성취한 원동력이었다.

다시 쓰는 해방의 역사

초판 1쇄 발행 2022년 8월 30일

지은이 김이경

책임편집 도은주

펴낸이 윤주용
편집 류정화, 박미선 | 마케팅 조명구 | 홍보 박미나

펴낸곳 초록비책공방
출판등록 2013년 4월 25일 제2013-000130
주소 서울시 마포구 동교로27길 53 308호
전화 0505-566-5522 | 팩스 02-6008-1777

메일 greenrainbooks@naver.com
인스타 @greenrainbooks @greenrain_1318
블로그 http://blog.naver.com/greenrainbooks

ISBN 979-11-993853-3-7 (03910)

* 정가는 책 뒤표지에 있습니다.
* 파손된 책은 구입처에서 교환하실 수 있습니다.
* 저작권을 준수하여 이 책의 전부 또는 일부를 어떤 형태로든 허락 없이
  복제, 스캔, 배포하지 않는 여러분께 감사드립니다.

> 어려운 것은 쉽게 쉬운 것은 깊게 깊은 것은 유쾌하게
>
> 초록비책공방은 여러분의 소중한 의견을 기다리고 있습니다.
> 원고 투고, 오탈자 제보, 제휴 제안은 greenrainbooks@naver.com으로 보내주세요.